智慧高速公路应用服务创新与实践

唐　勇　陈　垦　宋向辉　编著

人民交通出版社股份有限公司

北　京

内 容 提 要

本书在总结凝练四川省成都至宜宾(简称成宜)高速公路(S4)、成都市第二绕城(简称蓉城二绕)高速公路(S4202)和峨眉至汉源(简称峨汉)高速公路(S66)等智慧化建设经验和研究成果的基础上,阐述了智慧高速公路的概念,总结了智慧高速公路的特征,分析了智慧高速公路用户需求及应用场景,提出了智慧高速公路建设关键技术。主要内容包括:我国高速公路智慧化发展历程及探索、国际智慧高速公路发展经验借鉴、智慧高速公路用户需求及服务场景、智慧高速公路应用关键技术、智慧高速公路建设架构和内容以及成宜、蓉城二绕、峨汉等智慧高速公路的工程实践实例。

本书可供从事智慧高速公路设计、建设、管理、养护、运维等领域的科研人员和工程技术人员参考使用,也可作为公路交通工程类本科及研究生的参考书。

图书在版编目(CIP)数据

智慧高速公路应用服务创新与实践 / 唐勇等编著. — 北京 : 人民交通出版社股份有限公司, 2023.3

ISBN 978-7-114-18528-1

Ⅰ.①智… Ⅱ.①唐… Ⅲ.①高速公路—道路建设—四川 Ⅳ.①U412.36

中国国家版本馆 CIP 数据核字(2022)第 253235 号

Zhihui Gaosu Gonglu Yingyong Fuwu Chuangxin yu Shijian

书　　名:**智慧高速公路应用服务创新与实践**
著 作 者:唐　勇　陈　垦　宋向辉
责任编辑:周佳楠　牛家鸣
责任校对:赵媛媛
责任印制:张　凯
出版发行:人民交通出版社股份有限公司
地　　址:(100011)北京市朝阳区安定门外外馆斜街 3 号
网　　址:http://www.ccpcl.com.cn
销售电话:(010)59757973
总 经 销:人民交通出版社股份有限公司发行部
经　　销:各地新华书店
印　　刷:北京市密东印刷有限公司
开　　本:787×1092　1/16
印　　张:11.75
字　　数:216 千
版　　次:2023 年 3 月　第 1 版
印　　次:2023 年 3 月　第 1 次印刷
书　　号:ISBN 978-7-114-18528-1
定　　价:80.00 元

《智慧高速公路应用服务创新与实践》

编写委员会

主　　编：唐　勇　陈　垦　宋向辉

参编人员：张　胜　李永林　杨如刚　陈其学

王东柱　孙　玲　刘　博　周　勇

廖知勇　周雄华　江勇顺　章玉伟

陈　非　李科春　张　慧　邓　兵

杨　洋　李　伟　谭屈山　张南蛟

喻　倩　王　俊　杨凤满　刘宏本

高　欢　李亚檬　李　娜　刘　楠

卢立阳　李茜瑶　赵佳海　高茁苗

PREFACE | 前　言

我国处在经济发展的转型期，交通运输面临经济发展的新需求，智慧高速公路建设成为新一代智能交通发展的重要内容。在《交通强国建设纲要》《国家综合立体交通网规划纲要》中，智慧高速公路建设是其中重要的任务之一。交通运输行业相继出台了《数字交通发展规划纲要》《交通运输部关于推进交通运输领域新型基础设施建设的指导意见》等重要文件，部署了新一代国家交通控制网和智慧公路试点工程、交通强国建设试点工程、自动驾驶先导应用示范工程，通过全面建设人、车、路协同的智能交通系统，应用传感、通信、控制等先进技术，提升高速公路智慧化水平，促进自动驾驶技术发展和创新应用。

智慧高速公路建设是一项创新性、引领性工程，以“创新服务”作为重要目标，符合新时代行业技术和管理发展方向，具有很强的前瞻性、创新性和挑战性。智慧高速公路建设作为交通强国的重要内容，正在全国有序开展，但是对于智慧化建设内容、能力水平以及提供的创新服务尚无统一认识，传统公路工程建设理论及方法无法指导智慧高速公路建设，难以解决智慧高速公路建设过程中的新问题，导致部分高速公路建设存在盲目的状态，造成资源浪费，在一定程度上影响了智慧高速公路建设的开展，因此智慧高速公路的概念、特征、建设内容及建设经验等需要进行深入的分析和探讨，为今后智慧高速公路建设提供借鉴。

本书在总结凝练四川省成宜高速公路、蓉城二绕高速公路和峨汉高速公路智慧化建设经验和研究成果的基础上，针对智慧高速公路发展的实际需求和存在问题，并结合新技术的发展，介绍和探讨了我国高速公路智慧化发展历程及探索、国际智慧高速公路发展经验借鉴、智慧高速公路用户需求及服务场景、智慧高速公路应用关键技术、智慧高速公路建设实践，力求较为全面、真实地反映新技术条件下智慧高速公路建设的动态、趋势和内容，引导读者从战略和创新的角度了解我国智慧高速公路的发展和应用，对提高智慧高速公路设计、建设、运营和管理水平，以及推动感知、通信、控制等技术和产业有序、健康发展提供一定的借鉴和指导作用。

本书编写组成员来自四川省蜀道投资集团有限责任公司、交通运输部公路科学研究院等单位。由于时间仓促，以及作者水平有限，有错误及不详之处敬请读者指正。

作　者

2022 年 4 月

CONTENTS | 目　　录

第5章 智慧高速公路建设实践

参考文献

CHAPTER ONE

第1章

我国高速公路智慧化发展历程及探索

我国高速公路建设尽管起步较晚,但整体发展较快,自1988年建成大陆第一条高速公路至今已形成了传统机电系统支撑下的世界最大的高速公路网络,取得举世瞩目的成绩。截至2020年底,公路网总里程超过519万km,其中高速公路里程超过了16万km,以高速公路为骨架、国省干线公路为主体的全国干线公路网快速形成。当前我国高速公路总里程增速逐步放缓,精细化、智能化进一步加强,利用科学技术引领高速公路领域转型升级的要求越来越高,我国高速公路领域面临结构性调整。智慧化升级与演进是高速公路结构性调整发展的必然趋势,也是科技发展的必然结果。不断发展成熟的信息通信、大数据处理、人工智能等技术,一方面为精细化、智能化运营服务创造了新条件和新手段,另一方面又对高速公路现行技术体系产生了冲击,亟须高速公路技术升级与创新发展。此外,随着经济的发展,交通需求量不断加大,特别是在东部沿海地区,交通建设已经不能满足经济的快速发展的需要,部分高速公路已经处于满负荷运行状态,拥堵经常出现,对高速公路进行智慧化改造或者修建智慧高速公路的需求非常迫切。

高速公路智慧化的理念和能力随着技术、经济、政策的发展在逐步演进。每一个时期的高速公路智慧建设都是这一时期社会和经济的产物,或者说是与当时的社会和经济相适应的。“七五”时期,我国开始了高速公路信息化建设工作,从“七五”到“十一五”时期的高速公路信息化建设工作是在交通工程、计算机技术、通信和信息技术、车辆控制技术的支持下,以管理者的角度,从顶层框架、标准规范、集成技术、评估指标等方面构建我国高速公路网管理与应急处置体系,实现了全国范围内的电子不停车收费(Electronic Toll Collection,ETC)联网运行。“十二五”时期,人民群众出行需求持续增长,伴随着互联网、大数据、物联网等新技术在各个行业不断深入应用,我国各省(区、市)在信息化建设的基础上开始探索智慧公路建设。进入“十三五”时期,国家和交通运输行业将智慧交通建设提到了一个新的高度,交通运输部和各省(区、市)交通管理部门逐步开展了智慧高速公路试点工程。

1.1 高速公路发展现状

我国在公路基础设施建设、公路运输装备、公路运输服务、公路固定资产投资等方面取得了巨大的成绩。

(1)公路基础设施

2020年末全国公路总里程519.81万km,比上年末增加18.56万km。公路密度

54.15km/100km²,增加 1.94km/100km²。公路养护里程 514.40 万 km,占公路总里程 99.0%。2016—2020 年全国公路总里程及公路密度如图 1-1 所示。

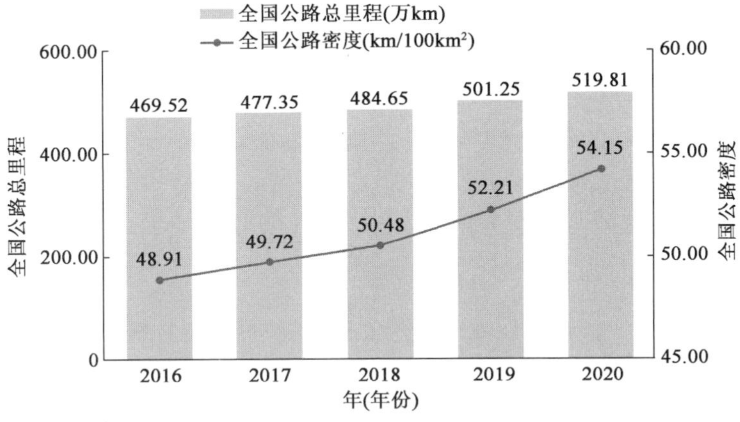

图 1-1　2016—2020 年全国公路总里程及公路密度

注：资料来源于交通运输行业发展统计公报，下同。

2020 年末全国四级及四级以上等级公路里程 494.45 万 km,比上年末增加 24.58 万 km,占公路总里程 95.1%,提高 1.4 个百分点。二级及二级以上等级公路里程 70.24 万 km,增加 3.04 万 km,占公路总里程 13.5%,提高 0.1 个百分点。2020 年全国公路里程技术等级构成比例如图 1-2 所示。

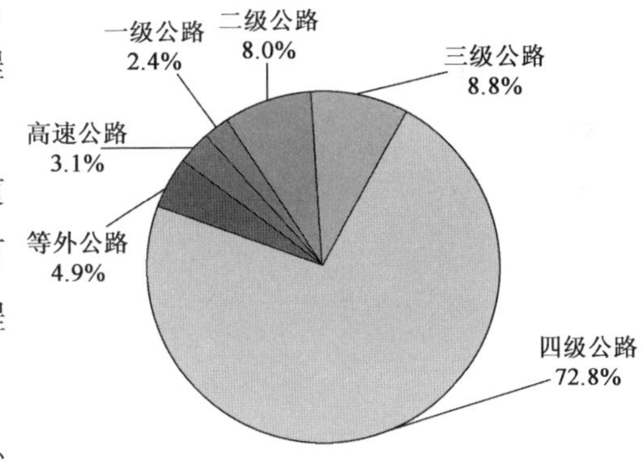

图 1-2　2020 年全国公路里程技术等级构成

2020 年末国道里程 37.07 万 km,省道里程 38.27 万 km。农村公路里程 438.23 万 km,其中县道里程 66.14 万 km、乡道里程 123.85 万 km、村道里程 248.24 万 km。

2020 年末全国公路桥梁 91.28 万座、6628.55 万延米,比上年末分别增加 3.45 万座、565.10 万延米,其中特大桥梁 6444 座、1162.97 万延米,大桥 119935 座、3277.77 万延米。全国公路隧道 21316 处、2199.93 万延米,增加 2249 处、303.27 万延米,其中特长隧道 1394 处、623.55 万延米,长隧道 5541 处、963.32 万延米。

(2)公路运输装备

2020 年末全国拥有公路营运汽车 1171.54 万辆。拥有载客汽车 61.26 万辆、1840.89 万客位;拥有载货汽车 1110.28 万辆、15784.17 万吨位,其中,普通货车 414.14 万辆、4660.76 万吨位,专用货车 50.67 万辆、596.60 万吨位,牵引车 310.84 万辆,挂车 334.63 万辆。2016—2020 年全国载货汽车拥有量如图 1-3 所示。

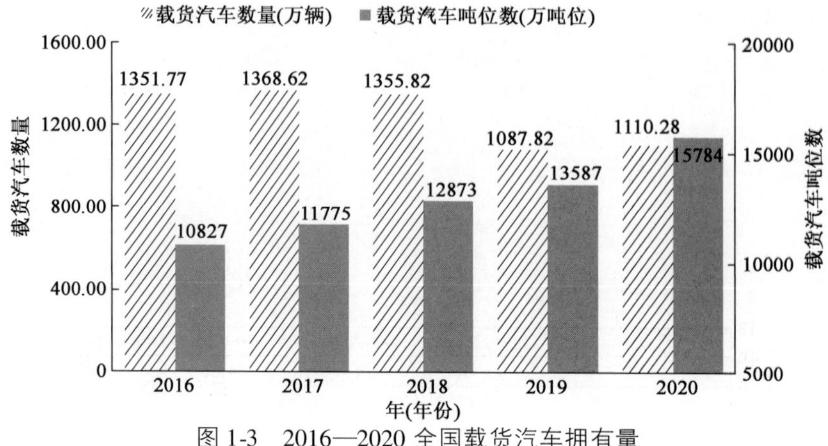

图 1-3　2016—2020 全国载货汽车拥有量

(3)公路运输服务

2020 年全年完成营业性客运量 68.94 亿人，比上年下降 47.0%，完成旅客周转量 4641.01 亿人公里，下降 47.6%。

完成营业性货运量 342.64 亿 t，比上年下降 0.3%，完成货物周转量 60171.85 亿 t · km，增长 0.9%。

全年机动车年平均交通量为 14395 辆/日，比上年下降 1.8%，年平均行驶量为 318301 万车公里/日，下降 4.6%。

(4)公路固定资产投资

2020 年全年完成公路固定资产投资 24312 亿元，比上年增长 11.0%。其中，高速公路完成 13479 亿元，增长 17.2%；普通国省道完成 5298 亿元，增长 7.6%；农村公路完成 4703 亿元，增长 0.8%。2016—2020 年公路固定资产投资额及增长速度如图 1-4 所示。

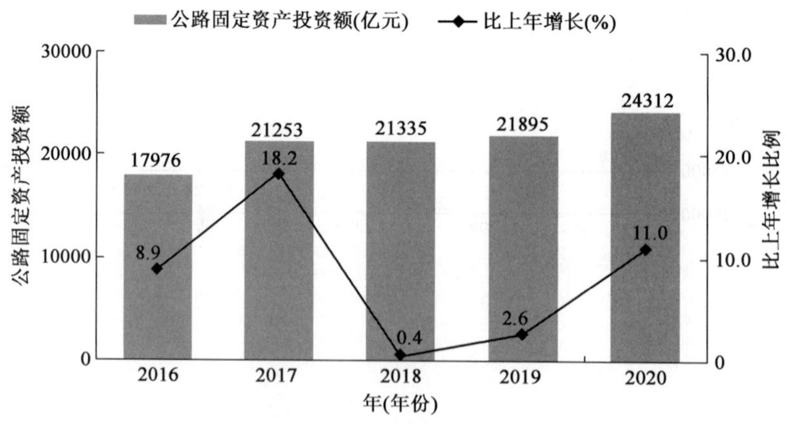

图 1-4　2016—2020 公路固定资产投资额及增长速度

我国高速公路起步较晚，但整体发展较快，经过三十多年的发展，我国高速公路建设取得了举世瞩目的巨大成就，为智慧高速公路建设打下了良好的基础。

（1）庞大的高速公路网

我国有世界上最发达、最庞大的高速公路网，高速公路建设里程逐年增加且趋于饱和。截至2020年底，高速公路里程16.10万km，比上年末增加1.14万km；高速公路车道里程72.31万km；国家高速公路里程11.30万km；高速公路光纤网络覆盖2.54万km。2011—2020年我国高速公路总里程如图1-5所示。

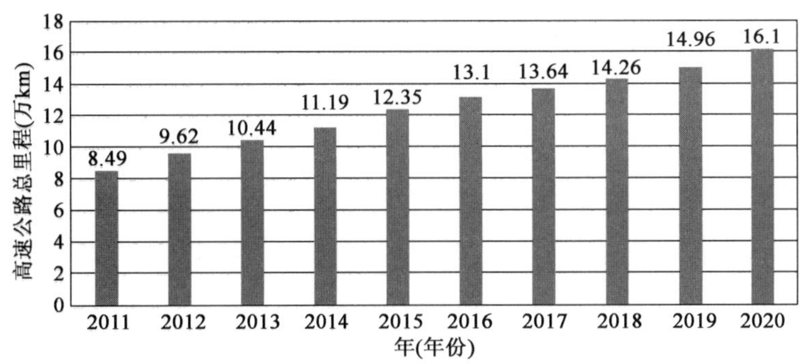

图1-5　2011—2020全国高速公路总里程

在我国公路交通运输中，高速公路占有十分重要的地位，不仅能够满足客流和货物的快速运输，而且可以实现点对点的运输，最终送达目的地。2019年全国国道观测里程21.75万公里，机动车年平均日交通量14852辆，比上年增长3.7%，年平均日行驶量322599万车公里，比上年增长1.9%。其中，国家高速公路年平均日交通量27936辆，比上年增长4.1%，年平均日行驶量147826万车公里，比上年增长3.4%。2011—2019年全国高速公路年平均日交通量如图1-6所示；普通国道年平均日交通量10641辆，比上年增长3.1%，年平均日行驶量174788万车公里，比上年增长1.0%。可以看出，我国对高速公路运输的需求逐年增加，高速公路的建设发展是推动我国交通基础设施建设和发展的重要动力之一。

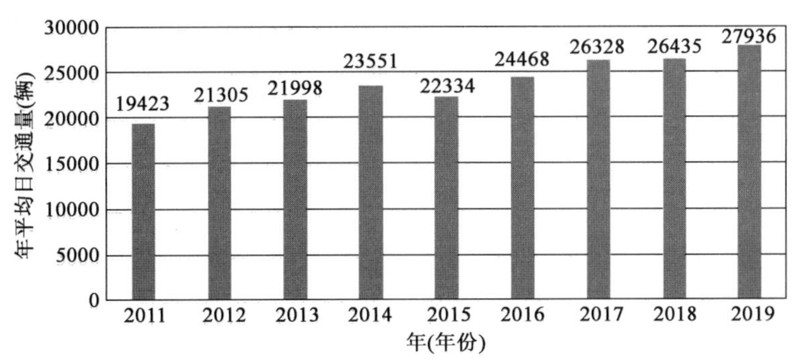

图1-6　2011—2019全国高速公路年平均日交通量

(2)我国高速公路发展政策

“十三五”以来,国家颁布了一系列高速公路建设运营的政策法规,主要聚焦于高速公路建设规划、收费管理、运输服务等方面,对我国高速公路运营服务的规范化和信息化具有重大意义。2010年起,相关政策法规总结见表1-1。

高速公路建设运营相关政策法规列表　　表1-1

时间	政策文件	发布单位
2010年12月	《关于促进高速公路应用联网电子不停车收费技术的若干意见》	交通运输部、国家发展改革委、财政部
2013年6月	《国家公路网规划(2013—2030年)》	交通运输部、国家发展改革委
2014年3月	《关于开展全国高速公路电子不停车收费联网工作的通知》	交通运输部
2015年4月	《关于深化公路建设管理体制改革的若干意见》	交通运输部
2016年7月	《交通运输信息化“十三五”发展规划》	交通运输部
2017年2月	《“十三五”现代综合交通运输体系发展规划》	国务院
2019年9月	《交通强国建设纲要》	中共中央、国务院
2020年6月	《关于进一步做好高速公路车辆通行费优惠预约通行服务工作的通知》	交通运输部
2021年2月	《国家综合立体交通网规划纲要》	中共中央、国务院
2021年8月	《交通运输领域新型基础设施建设行动方案(2021—2025年)》	交通运输部
2021年10月	《数字交通“十四五”发展规划》	交通运输部
2021年12月	《“十四五”现代综合交通运输体系发展规划》	国务院
2022年1月	《公路“十四五”发展规划》	交通运输部
2022年3月	《关于扎实推动“十四五”规划交通运输重大工程项目实施的工作方案》	交通运输部

(3)路网运行监管与服务系统覆盖全国30个省(区、市)

在国家、行业和各个省(区、市)交通运输管理部门的共同努力下,路网运行监管与服务系统基本实现了对全国重点公路路段的视频图像、交通流数据的接入,以及路况阻断信息的汇总分析和气象对区域路网的影响分析,为跨省(区、市)公路交通突发事件的协调处置奠定基础。路网运行监管与服务系统覆盖30个省(区、市)近40万km公路网,部分高速公路重要路段实现了全程监控。重点营运车辆动态监管的试点地区已经扩大到 30 个省(区、市),初步建立了全国重点营运车辆动态信息交换平台。

(4)智慧高速公路示范工程取得成效

为推动智慧高速公路建设和已建道路的升级改造,交通运输部指导地方交通运输管理部门,共同积极推进智慧高速公路试点示范工程建设。2017 年交通运输部在 9 个省(区、市)开展了新一代国家交通控制网和智慧公路试点工程。2018 年以来,交通运输部在长三角、京津冀区域启动了杭绍甬高速公路、洋山港东海大桥、京雄高速公路、延崇高速公路等智慧化建设示范工程,以这 4 条智慧高速公路示范工程为典型代表,其目标都是提供精准管控及精细化服务,并支持智能化、电动化新型运载工具应用落地运行而探索成套解决方案,其中杭绍甬智慧高速公路建设已上升为长三角区域一体化国家战略示范工程,纳入《长江三角洲区域一体化发展规划纲要》文件中。同时,浙江、江苏、四川、湖南、山东等省,根据自身特点开展智慧高速公路建设和升级改造工作,提供准全天候通行服务、车路协同安全预警服务、高精准信息服务、自由流收费服务、智慧隧道管控服务、智慧服务区管控服务等个性化的创新服务。全国智慧高速公路进入快速发展时期。

(5)电子不停车收费系统实现全国联网

2015 年,我国实现了 29 个省(区、市)ETC 的联网运行,形成世界上最大的 ETC 收费网络。2018 年 5 月 16 日,国务院常务会议提出推动取消高速公路省界收费站。自 2020 年 1 月 1 日零时起,全国 29 个联网省(区、市)的 487 个高速公路省界收费站全部取消,标志着我国拥有了世界上规模最大的一体化运营高速公路网。487 个高速公路省界收费站取消的背后,是建设完成 24588 套 ETC 门架系统,改造完成 48211 条 ETC 车道、11401 套高速公路不停车称重检测系统、推广发行 ETC 用户 1.23 亿户,累计用户达到 2.04亿。高速公路联网收费系统运行稳定,ETC 使用率超过 67%,车辆平均通行速度提高 16%,日均拥堵缓行收费站数量减少 65%,省界收费站拥堵成为历史。随着省界收费站取消、门架系统建设,大量监控收费设施布设,为智慧高速公路建设提供了良好的基础和条件。

1.2　智慧高速公路发展及探索

中国高速公路的发展经历了无智慧化、简单智慧化到智慧化的过程。高速公路机电系统三十多年的建设和运营积累了大量经验,也形成了完整的工程技术规范和相关产品标准,这也为智慧高速公路建设打下了一个良好的基础。

1.2.1 我国高速公路机电系统的发展

我国高速公路的机电系统与主体工程(指路基、路面、桥隧等土建工程)是一体化规划、设计和建设的,是高速公路的重要组成部分。高速公路机电系统通常由监控系统、通信系统、收费系统、供配电系统、照明系统、隧道机电系统等子系统组成。其中监控系统主要完成路网、重要路段和关键节点的交通量、环境、交通事件等的连续监视和控制,省域内高速公路监控系统由高速公路省级监控中心、路段监控(分)中心和基层监控单元三级架构构成,其设备主要由车辆检测器、气象监测器、闭路电视监视系统、可变信息标志、交通事件检测器、监控中心设备及软件、大屏幕显示系统、监控系统计算机网络等构成。

我国高速公路机电系统组成如图1-7所示。

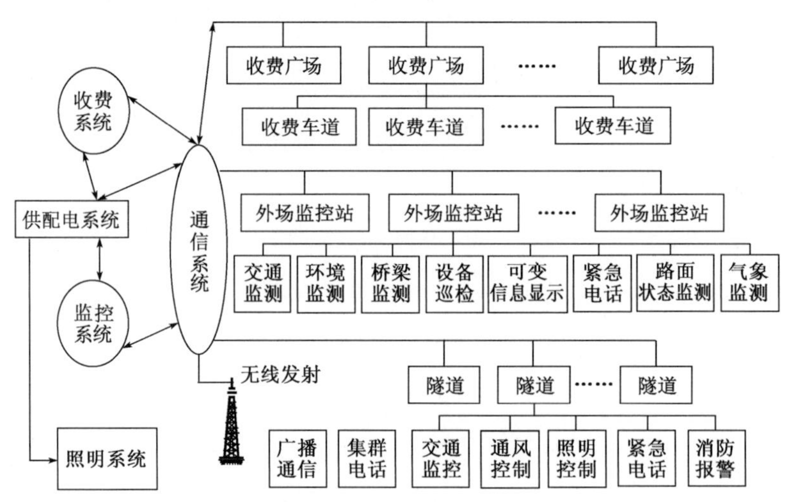

图1-7 我国高速公路机电系统组成示意图

收费系统主要根据高速公路管理需求,实现道路车辆通行费的收取和管理,省域内高速公路收费系统由高速公路省级收费中心、路段收费(分)中心和收费站三级管理构成,主要包括出入口车道设备、收费站、收费分中心、电子不停车收费系统、计重收费系统、车牌自动识别系统等。

通信系统主要进行高速公路机电监控、收费等系统视频、交通事件和收费等数据的传输和交换,主要包括SDH光纤数字传输系统、IP网络传输系统、通信管道工程、通信电源等。

供配电系统主要用于机电系统的能源保障,主要包括中压配电设备、中心(站)内低压配电设备、风光供电系统、电力监控系统等。

照明系统包括路段照明设施、收费广场照明设施、服务区照明设施等,主要提供高速公路运行安全保障和工作条件保障。

隧道机电系统是保障隧道运行安全和运营管理的重要系统，通常由车辆检测器、闭路电视监视系统、紧急电话与有线广播系统、环境检测设备、火灾报警系统、可变标志、通风设施、照明设施、消防设施、供电设施等组成。

我国高速公路机电系统体系架构完整，且建设和运行维护情况良好，在很大程度上得益于交通运输部对相关标准规范研究编制的重视，以及整个高速公路行业对标准规范的有力执行。我国已发布机电系统相关国家、行业标准100余部，形成了涵盖设计、施工、监理、检测和产品等较为完备的标准体系。

在设计规范方面，主要包括由交通运输部公路局组织编制发布的《公路网运行监测与服务暂行技术要求》《高速公路监控技术要求》《高速公路通信技术要求》《高速公路联网收费暂行技术要求》，行业标准《公路工程技术标准》（JTG B01—2014）、《公路隧道设计规范　第二册　交通工程与附属设施》（JTG D70/2—2014）、《公路隧道照明设计细则》（JTG/T D70/2-01—2014）、《公路隧道通风设计细则》（JTG/T D70/2-02—2014）等。此外，各省（区、市）也出台了关于高速公路机电系统联网、智慧高速公路机电系统的相关规范，有力地推动了高速公路机电系统的建设。在检测规范方面，主要有《公路工程质量检验评定标准　第二册　机电工程》（JTG 2182—2020），《公路机电工程检测技术规程》正在编制。在施工规范方面，《公路机电工程施工技术规范》正在编制。在养护规范方面，《公路机电工程维护技术标准》已完成报批。与此同时，《高速公路LED可变信息标志》（GB/T 23828—2009）等70余部相关产品方面的国家和行业标准已发布。

1.2.2　高速公路智慧化的需求与挑战

高速公路机电系统的建设和运营积累了大量经验，也形成了完整的工程技术规范和相关产品标准。但现有高速公路机电系统在技术架构、功能设计及运维管理等方面也都面临着挑战，主要表现为：系统技术架构的开放性不够，协同性不足；系统功能设计上信息交互与控制方式相对单一，精准及时的信息服务功能较弱，数据智能汇聚、分析及应用能力亟待提高，智能决策控制能力尚未建立；在运维管理方面，硬件系统资源利用率不高，部分设备设施存在闲置，数据中心设备过于陈旧，兼容性和扩展性不强。与现有普通高速公路相比，智慧高速公路主要升级改造的就是其机电系统。高速公路机电系统面临的上述挑战，就是智慧高速公路需要重点解决的问题。

1）高速公路机电系统面临的新需求

根据中共中央、国务院印发的《交通强国建设纲要》，构建"安全、便捷、绿色、高效、经济”的综合交通运输体系是我国交通运输行业的发展目标。高速公路作为综合交通运输体系的重要组成部分,利用信息化、智能化技术手段来进行升级改造成为其重点发展方向,以实现更加安全、快速、绿色的人员出行和货物运输。高速公路机电系统首当其冲,在提升路网运行效率、提高运营管理水平和改进用户服务能力方面都面临着新的需求。

一是国家公路网整体运行层面。一方面,我国公路网逐步完善,高速公路、普通公路、城市道路等彼此连接,已形成较为完善的运输网络,迫切需要充分发挥路网的网络效应,在更大范围(不限于省际)、更多等级(高速公路、普通公路、城市道路等)层面进行协同优化及调度,以实现交通系统的高效、便捷和经济。这就要求高速公路机电系统的数据需要在更高层面上进行汇聚和处理,高速公路的运行管理及控制等亦需要考虑更多的输入因素;另一方面,自动驾驶、车路协同、智能网联汽车等技术快速发展,其应用落地迫切需要高速公路信息的感知、处理和发布更加准确、及时和有效,这对高速公路机电系统的开放性、智能化等提出了迫切需求。

二是高速公路运营管理层面。高速公路运营管理面临安全、效率和成本的压力,迫切需要更全面、更精确地感知高速公路运营过程中的异常事件,更快速、更有效地实现异常事件处理和交通控制,更智能、更高效地实现机电设施的维护,这对高速公路机电系统的安全性、智能化和可靠性提出了更高要求。

三是高速公路使用者层面。为实现安全、高效、舒适的行车体验,高速公路使用者迫切需要了解高速公路实时路况,获得开放式的信息共享服务,体验包含旅游、服务区、加油站等个性化的及时推送等,这对高速公路机电系统的开放性和兼容性提出了更高要求。

2)高速公路机电系统面临的挑战

针对以上需求,现有高速公路机电系统在技术架构、功能设计及运维管理等方面都面临着挑战。

(1)技术架构

一是系统开放性挑战。现有高速公路机电系统是基于通信专网的封闭性系统,主要通过路侧布设的摄像头、气象检测器、车辆检测器等外场监控设施采集交通流和环境等信息,但对于通过车路协同交互的车辆等信息以及道路使用者的状态信息等缺少外部信息输入途径。

二是系统协同性挑战。高速公路机电系统监控中心、收费中心分设,系统内部的收费、监控和应急通信等子系统独立运行、独立管理,缺乏数据互通、协调等。相关数据多传输到省联网中心,而路段仍存在协同性要求,故路段级的协同控制能力不足问题较为突出。

(2)功能设计

一是交互与控制方式相对单一。现有高速公路机电系统为运营管理单位设计，对于道路交通使用者的信息提供和交互等主要通过可变信息标志、交通信号灯、广播等开环方式，对于效果缺少闭环的反馈路径。

二是精准及时的信息服务功能相对较弱。现有高速公路机电系统基础数据基本是逐层上报模式，信息计算处理主要部署在上层的交通运行监测调度中心(TOCC)或监控中心，各层级 TOCC 的计算能力未被充分利用，信息发布也主要采用“自上而下”逐级发布模式；同时，信息服务主要以统计报表为主，精准定位到不同道路使用者和管理者的及时信息服务能力亟待提高。

三是数据智能汇聚、分析及应用能力需要提高。现有机电系统数据主要包括监控系统、收费系统上传的文本视频、音频等数据，也包括下达的控制指令。但现有机电系统数据根据设计规范分层存储在不同的服务器中，各监控中心多用于视频等展示，对于结合运营管理需求的针对性的数据梳理、预测等相对较少，未能有效实现对高速公路机电系统数据的有效挖掘和利用，且现有系统中的数据存储架构亦在很大程度上不利于基于大数据的分析及挖掘。

四是智能决策控制能力需要提升。智慧交通系统的核心能力体现在系统的智能决策和控制能力，在现有高速公路机电系统中，沉淀了大量的交通运行数据，但由于系统技术架构不能适应云计算平台、人工智能算法等要求，无法实现对高速公路路网运行的智能决策和自主控制，也不能满足对车路协同自动驾驶车辆的信息支持需求。

(3)运维管理

一是部分机电系统资源利用率不高，硬件系统资源闲置。高速公路数据中心架构由硬件服务器、存储系统和交换机等设备构成，且机电系统均采用单台硬件服务器独立部署，受硬件平台和软件开发的限制，其硬件资源未得到充分利用。对于光纤数字传输系统而言，多采用 32 芯光缆，自身需求的实际利用率较低。

二是部分机电系统数据中心设备过于陈旧，扩展性不高。大部分高速公路数据中心设施已运行多年，由于硬件老化、配件停产等原因，硬件系统故障发生时，很难短时间恢复。同时，随着业务数据的不断增长，对原有数据中心设施设备扩容时，如采用传统数据架构，亦存在不兼容等问题。

1.2.3　智慧高速公路的概念

对智慧高速公路概念的理解直接关系到智慧高速公路建设和发展，结合近些年来我国智慧高速公路建设和发展经验,本小节对智慧高速公路的概念进行了阐述。

2008 年,美国 IBM 公司提出“Smart Earth(智慧地球)”的概念,在全世界引起广泛关注。2009 年,IBM 公司在我国举办了 20 多场智慧城市的研讨会,超过 200 名市长和近 2000 名城市政府官员参加了交流,智慧城市的理念逐渐得到认同,随后上海、南京、成都等城市开始进行智慧城市建设探索。2012 年,住建部正式启动国家智慧城市试点工作,“十二五”期间公布了 3 批共 290 个市(区、县)的国家智慧城市试点名单。

截至 2020 年底,交通运输部公布了 2 批次、34 家试点组织单位的交通强国试点,提出 23 个重大工程项目包。智慧交通或者智慧公路、智慧高速公路是多个省(区、市)的试点重点。比如浙江、河北、四川、山东等开展智慧基础设施、智慧公路,特别是智慧高速公路方面试点。交通运输部公路科学研究院智能交通研究中心作为科研、技术支撑单位,前期也做了大量准备工作。京雄高速公路、杭绍甬高速公路、延崇高速公路等智慧高速公路得到了国家发展改革委和所在省(区、市)的批复,以每公里不少于一千万元投资的计划,来引领智慧高速公路基础设施的试点建设工作。此外,早在 2014 年初,交通运输部提出加快“四个交通”发展,各地也相继开展了智慧高速公路建设试点项目。

智慧公路,特别是智慧高速公路,已有近 10 年的试点工程建设实践,积累了不少研究成果和工程经验。2017 年以来,交通运输部公路科学研究院结合杭绍甬智慧高速公路、京雄智慧高速公路、蓉城二绕智慧高速公路等建设工程的可行性研究和工程设计,对智慧高速公路概念和特征进行比较深入和系统的研究思考,提出智慧高速公路概念。在提出智慧高速公路概念的过程中把握了以下两条原则:

(1)智慧高速公路的基础和本质是高速公路

高速公路是专供汽车分向行驶、分车道行驶,全部控制出入的多车道公路。智慧高速公路是突出了数字化、信息化和智能化特征的高速公路,但其基础和本质仍是高速公路。因此,研究提出智慧高速公路概念时,必须首先坚持其本质特征,即智慧高速公路是具有智慧化特征的高速公路,而不能将智慧高速公路表述为一个管理控制系统或者一套管理服务体系。

(2)从技术支撑和功能实现两个角度明确智慧高速公路的智慧化水平

智慧高速公路不同于普通高速公路,其核心特征是“智慧”,但仅表述为“更加智能”或“更加智慧”的高速公路,显然不是严谨的智慧高速公路概念。提出智慧高速公路概念时,需要对高速公路的智慧化水平给出明确的表述。通过研究认为,可以从技术支撑和功能实现两个角度来明确智慧高速公路的智慧化水平。

综上，对智慧高速公路概念给出如下定义：智慧高速公路，是在高速公路沿线布设相应设施设备，并建有交通运行控制中心，集成应用传感、通信、信息、云计算、大数据、人工智能和绿色能源等先进技术，实现交通运行更加安全、快速和绿色的高速公路。

1.2.4　智慧高速公路的主要特征

智慧高速公路的三个主要特征如下：

(1)以实现更加安全、快速、绿色的人员出行和货物运输为根本目标

交通运输的初衷是实现人和物的位移，高速公路作为交通运输过程的组成要素，其核心功能必须服从和服务于交通运输的初衷。智慧高速公路是新一代高速公路，其功能目标不仅是实现人和物的位移，而是要在确保安全的前提下，能够实现更加快速、绿色的人员出行和货物运输，这是智慧高速公路在功能实现方面的最显著特征，也是智慧高速公路的根本性特征。

智慧高速公路的首要目标是更加安全，以"零死亡"为愿景，在同等条件下比普通高速公路的安全性有显著性提高。智慧高速公路的核心目标是更加快速，表征为在同等条件下比普通高速公路上的车辆平均行驶速度有显著性提高，或者在同等条件下人员出行和货物运输时间比使用普通高速公路有明显缩短。智慧高速公路的刚性约束目标是更加绿色，表征为与普通高速公路相比，在同等条件下单位人员出行量和货物运输量的环境影响程度有显著性下降，或者资源综合利用率有明显提高。

此外，由于自动驾驶的热度很高，很多人会认为智慧高速公路建设是为了自动驾驶车辆上路行驶，这是智慧高速公路的特征之一，但不是最显著和最根本的特征。当前，智慧高速公路将主要服务于人工驾驶车辆，其目的是更加安全、高效和绿色地完成人员出行和货物运输过程。

(2)强调对现有先进技术的集成应用

智慧高速公路的智慧能力需要几种技术集成后才能体现出来，比如：高速公路车道级管控能力以及对车辆的车道级导航能力，需要应用基础设施数字化、高精度电子地图、厘米级高精度定位、低时延无线通信、大数据实时分析和云控制系统等多项技术，且涉及在路侧设备、车辆侧终端和云控中心侧数据信息和控制指令的处理传递逻辑。自由流收费、准全天候通行、危险路段安全预警等功能实现都需要多项技术集成应用。因此，通过集成应用传感、通信、信息、云计算、大数据、人工智能和绿色能源等先进技术，来实现其整体智慧能力，是智慧高速公路在技术支撑方面的最显著特征。仅是实现某一个方面的技术能力，比如北斗高精度定位、基础设施数字化等，那是早期智慧高速公路技术的点状

应用探索。

(3)对正在发生的道路交通颠覆性变革具有先导和引领作用

具体表现为智慧高速公路支持自动驾驶技术应用落地,探索"聪明的车＋智能的路"这种未来公路交通模式的实现路径。从社会发展史来看,人类经历了农业革命、工业革命,正在经历信息革命。与之相对应,人类交通发展史也已经历了两次革命:第一次交通革命是以马车、牛车出现为标志,人类利用畜力,并随后出现了土夯石筑的马路,我国的秦驰道就是当时的高速路;第二次交通革命是以火车和汽车出现为标志,人类利用机械力,并随后出现了公路和铁路,以及我们熟悉的高速公路和高速铁路。两次交通革命的特点是:新的运载工具先发明,并随后带动形成与之相适应的交通基础设施。在信息革命阶段,以自动驾驶车辆出现为标志的第三次交通革命(颠覆性变革)正在发生,人类利用信息通信、大数据和人工智能等技术,带动智慧道路的出现。

当前,全球范围已形成广泛共识的是:未来道路交通的基本形态是"聪明的车＋智能的路",这将深刻改变交通组织、人员出行和货物运送等方面的道路交通模式和方式。智慧高速公路具备的车路协同能力,已能够支持自动驾驶车辆在专用车道上开展车辆编队行驶(自动驾驶 L3 级)。积极支持自动驾驶技术应用落地,探索"聪明的车＋智能的路"这种未来公路交通模式的具体实现路径,是对智慧高速公路的时代性要求,也是智慧高速公路表现出具有先导和引领道路交通颠覆性变革的鲜明特征。

总结提出智慧高速公路的上述三个主要特征,其核心是要时刻守住智慧高速公路建设的初心,牢牢把准智慧高速公路发展的方向,那就是智慧高速公路服务于人工驾驶车辆和自动驾驶车辆,而且仍以服务人工驾驶车辆为主,其初衷就是为了实现更加安全、高效的公路交通运输。

1.2.5 智慧公路先期信息化建设探索

国内智慧高速公路的探索是在道路信息化建设的基础上开展的,注重感知、无线通信、云计算、物联网等新技术的应用,各省(区、市)尝试结合自身道路特点,从多源数据采集、实时处理、智慧服务等方面,开展智慧高速公路发展建设。浙江省作为国内经济发展迅速的省份之一,2021 年的全年地区生产总值为 73520 亿元,排名位居全国省份第四;重庆市地貌以丘陵、山地为主,其中山地占 76%,有"山城"之称,2021 年全年地区生产总值为 27894.02 亿元,排名位居全国城市第四。智能交通系统的发展与建设与经济发展息息相关,同时需要兼顾区域环境特征,因此,本书以浙江省、重庆市为例,介绍智慧公路先期信息化建设探索情况。

（1）浙江省“智慧公路”建设情况

2012 年浙江省政府发布《关于务实推进智慧城市建设示范试点工作的指导意见》之后，“智慧公路”项目正式启动，浙江率先在全国开展智慧公路建设。“智慧公路”项目采用“8141”的总体思路，由数据采集、数据处理中心和运行服务体系平台、智慧服务等部分构成其总体架构。该项目通过公路智能终端设施、采用有线网与无线网相结合的方式实现图像、交通流、交通环境、交通事件等动态数据的采集。同时，利用云计算技术建设的数据智慧化处理和服务平台能将采集的实时数据进行汇聚、处理和交互，为高速公路交警部门、公路管理部门提供协同管理和智慧服务。“智慧公路”服务平台还推出了公众出行服务 App（Application，应用程序）。该款 App 充分吸收了云计算、大数据、物联网、车联网智能语音识别、智能视频分析等技术，联合网络运营商、软件开发商、设备制造商、广播媒体等提供数据信息增值服务，不但具有传统交通领域服务的功能，还在技术、服务、商业模式上达到了国内领先水平。

（2）重庆市“数字公路”建设情况

重庆市不断优化“数字公路”体系，提高行业服务的智能水平，建立市级公路网管理与应急处置平台，并先后建成了路面养护管理系统、桥隧养护管理系统、路政治超管理系统等业务应用系统，针对各个业务应用系统建立了数据资源共享机制，实现了全市范围联网运行。市级公路网管理与应急处置平台在实现高速公路路网全监控的基础上，又集成了普通公路特大桥梁、交调站、重要路段等 700 余路监控信号，140 余套移动视频终端，170 余套手持智能终端，30 余块 LED（Light Emitting Diode，发光二极管）信息发布终端，基本达到路网可视、可测。“十二五”期间，按照“集中管理、分级控制”的管理理念，重庆市高速公路建立了“联网监控、区域管理”的创新型管理模式，形成了“一个监控总中心、三个区域分中心、二十个路段监控站”的监控管理体系，实现了路网监控信息互联互通。此外，重庆市还开展了“基于物联网的公路网运行状态监测与效率提升技术”重大专项研究，通过以物联网为代表的现代信息化技术手段，增强山区公路运营管理能力和公众信息服务能力，建设安全、畅通、高效、绿色的新型公路运营服务体系，提升路网运行效率。

1.3　高速公路智慧化创新发展环境

公路里程的不断增加、运输环境的不断改善，客货运输发生了爆发式的增长，以智慧化思路促进公路高质量发展，使得公路信息化、数字化、网络化建设成果惠及百姓，满足不断增长的公路运输服务需求,是下一个发展期要解决的主要问题之一,也是国家和行业发展的重点方向。

1.3.1 政策环境

为了推动经济的发展和基础设施建设,国家和交通运输行业管理部门相继出台《国家公路网规划(2013—2030年)》《交通强国建设纲要》《国家综合立体交通网规划纲要》《"十四五"现代综合交通运输体系发展规划》《交通运输领域新型基础设施建设行动方案(2021—2025年)》《数字交通发展规划纲要》《公路"十四五"发展规划》《数字交通"十四五"发展规划》等,加快推进交通强国建设、新型基础设施建设(即新基建)、新一代人工智能规划、京津冀协同发展规划、长江三角洲区域一体化发展规划、粤港澳大湾区发展规划等实施,支持智慧公路及相关基础设施智能化、新型运载工具的发展和应用,建设智慧化的基础设施,重视大数据、人工智能技术在公路交通领域的应用。智慧高速公路建设成为了其中重要的任务。

(1)国家战略

2021年12月,国务院印发了《"十四五"现代综合交通运输体系发展规划》,提出发展目标:第五代移动通信(5G)、物联网、大数据、云计算、人工智能等技术与交通运输深度融合,交通运输领域新型基础设施建设取得重要进展,交通基础设施数字化率显著提高,数据开放共享和平台整合优化取得实质性突破。要求加快智能技术深度推广应用,推进基础设施智能化升级,其中包括:完善设施数字化感知系统;构建设施设备信息交互网络;整合优化综合交通运输信息平台。

2021年2月,中共中央、国务院印发了《国家综合立体交通网规划纲要》,提出了2035年发展目标:智能先进,基本实现国家综合立体交通网基础设施全要素全周期数字化。基本建成泛在先进的交通信息基础设施,实现北斗时空信息服务、交通运输感知全覆盖。智能网联汽车(智能汽车、自动驾驶、车路协同)等的技术达到世界先进水平。2035年指标:交通基础设施数字化率90%。要求推进交通基础设施网与运输服务网、信息网、能源网融合发展。

2020年3月,中共中央政治局常务委员会召开会议,提出加快5G网络、数据中心等新型基础设施建设进度。新型基础设施建设主要包括5G基站建设、特高压、城际高速铁路和城市轨道交通、新能源汽车充电桩、大数据中心、人工智能、工业互联网七大领域,以新发展理念为引领,以技术创新为驱动,以信息网络为基础,面向高质量发展需要,提供数字转型、智能升级、融合创新等服务的基础设施体系。

2019 年 12 月，中共中央、国务院印发的《长江三角洲区域一体化发展规划纲要》是指导长三角地区当前和今后一个时期一体化发展的纲领性文件以及制定相关规划和政策的依据，规划期至 2025 年，展望到 2035 年。纲要提出要提升基础设施互联互通水平，通过坚持优化提升、适度超前的原则，统筹推进跨区域基础设施建设，形成互联互通、分工合作、管理协同的基础设施体系和增强一体化发展的支撑保障。纲要明确指出“推进一体化智能化交通管理，深化重要客货运输领域协同监管、信息交换共享、大数据分析等管理合作。积极开展车联网和车路协同技术创新试点，筹划建设长三角智慧交通示范项目，率先推进杭绍甬智慧高速公路建设。”

2019 年 9 月，中共中央、国务院印发了《交通强国建设纲要》，提出到 2020 年，完成决胜全面建成小康社会交通建设任务和“十三五”现代综合交通运输体系发展规划各项任务，为交通强国建设奠定坚实基础。从 2021 年到 21 世纪中叶，分两个阶段推进交通强国建设，到 2035 年，我国基本建成交通强国，到 21 世纪中叶，全面建成人民满意、保障有力、世界前列的交通强国。基础设施规模质量、技术装备、科技创新能力、智能化与绿色化水平位居世界前列，交通安全水平、治理能力、文明程度、国际竞争力及影响力达到国际先进水平，全面服务和保障社会主义现代化强国建设，人民享有美好交通服务。纲要中明确了九大重点任务，其中包括“推动大数据、互联网、人工智能等新技术与交通行业深度融合。推动数据资源赋能交通发展，加速交通基础设施网、运输服务网、能源网与信息网融合发展，构建泛在先进的交通信息基础设施”。

2019 年 7 月，中共中央政治局召开会议，会议要求稳定制造业投资，实施城镇老旧小区改造、城市停车场、城乡冷链物流设施建设等补短板工程，加快推进信息网络等新型基础设施建设。

2019 年 2 月，中共中央、国务院印发《粤港澳大湾区发展规划纲要》，明确了粤港澳大湾区的战略定位，它将成为一个世界级的城市群、国际科技创新中心、“一带一路”的重要支撑、内地与港澳深度合作示范区、优质生活圈。通过加快基础设施互联互通，加强基础设施建设，畅通对外联系通道，提升内部联通水平，推动形成布局合理、功能完善、衔接顺畅、运作高效的基础设施网络，为粤港澳大湾区经济社会发展提供有力支撑。纲要提出构筑大湾区快速交通网络，粤港澳大湾区将以连通内地与港澳以及珠江口东西两岸为重点，构建以高速铁路、城际铁路和高等级公路为主体的城际快速交通网络，力争实现大湾区主要城市间 1 小时通达。

（2）行业政策

2022 年 1 月，交通运输部印发了《公路“十四五”发展规划》，提出了到 2025 年公路交通数字化、智能化水平显著提升，传统基础设施建设与新基建融合创新发展取得突破，基础设施和运载装备全要素、全周期的数字化升级迈出新步伐，全程电子化出行服务体系基本形成。该规划部署了建设智慧公路的重点任务，包括：推动建筑信息模型、路网感知网络与公路基础设施同步规划建设，加快公路基础设施数字化改造，推进公路基础设施全要素、全周期数字化转型发展，加强重点基础设施关键信息的主动安全预警。加快推进公路网大数据建设应用，应用智能视频分析等技术，建设监测、调度、管控、应急、服务一体的智慧路网云控平台，积极探索“ETC + 北斗”开放式自由流收费、车路协同、自动驾驶等新技术的智慧应用试点。建设智慧高速公路服务区。

2021 年 8 月，交通运输部印发了《交通运输领域新型基础设施建设行动方案（2021—2025 年）》，提出到 2025 年，打造一批交通新基建重点工程，形成一批可复制推广的应用场景，制修订一批技术标准规范，促进交通基础设施网与运输服务网、信息网、能源网融合发展，精准感知、精确分析、精细管理和精心服务能力显著增强，智能管理深度应用，一体服务广泛覆盖，交通基础设施运行效率、安全水平和服务质量有效提升。部署了智慧公路建设行动任务，包括提升公路智能化管理水平、提升公路智慧化服务水平等内容。

2021 年 10 月，交通运输部印发了《数字交通“十四五”发展规划》，提出到 2025 年，“交通设施数字感知，信息网络广泛覆盖，运输服务便捷智能，行业治理在线协同，技术应用创新活跃，网络安全保障有力”的数字交通体系深入推进，“一脑、五网、两体系”的发展格局基本建成，交通新基建取得重要进展，行业数字化、网络化、智能化水平显著提升，有力支撑交通运输行业高质量发展和交通强国建设。重点部署了打造综合交通运输“数据大脑”、构建交通新型融合基础设施网络、建设一体衔接的数字出行网络、建设多式联运的智慧物流网络、升级现代化行业管理信息网络等八项主要任务。

2020 年 8 月，交通运输部印发《关于推动交通运输领域新型基础设施建设的指导意见》，提出智慧公路深化高速公路 ETC 门架应用，推进车路协同等设施建设，丰富车路协同应用场景。推动公路感知网络与基础设施同步规划、同步建设，在重点路段实现全天候、多要素的状态感知。应用智能视频分析等技术，建设监测、调度、管控、应急、服务一体的智慧路网云控平台。该意见提出了交通运输领域新型基础设施建设的发展目标，14 项任务，以及明确到 2035 年的实现目标。

2019 年 7 月，交通运输部印发的《数字交通发展规划纲要》，指出了发展目标：“到 2025 年，交通运输基础设施和运载装备全要素、全周期的数字化升级迈出新步伐，数字化采集体系和网络化传输体系基本形成”。在构筑数字化采集体系方面着重提出“推动公路领域重点路段，以及隧道、桥梁、互通枢纽等重要节点的交通感知网络覆盖”；在构筑网络化传输体系方面着重提出“推进车联网、5G通信网络等部署应用，形成多网融合的交通信息通信网络，提供广覆盖、低延时、高可靠、大宽带的网络通信服务”。

2019年12月，交通运输部印发的《推进综合交通运输大数据发展行动纲要（2020—2025年）》，将交通运输大数据的发展细分到夯实大数据发展基础、深入推进大数据共享开放、全面推动大数据创新应用、加强大数据安全保障、完善大数据管理体系五大行动，并提出了每个行动的具体目标、任务和重点，以及各个行动包含的21项具体任务。包括：完善标准体系、强化数据采集、加强技术研发应用、完善信息资源目录体系、全面构建政务大数据、推动行业数字化转型、稳步开放公共信息资源、引导大数据开放创新、构建综合性大数据分析技术模型、加强在服务国家战略中的应用、提升安全生产监测预警能力、推动应急管理综合应用、加强信用监管、加快推动“互联网+监管”、深化政务服务“一网通办”、促进出行服务创新应用、推动货运物流数字化发展、完善数据安全保障措施、保障国家关键数据安全、推动管理体制改革、完善技术管理体系。

2018年2月，交通运输部印发了《加快推进新一代国家交通控制网和智慧公路试点的通知》，决定在北京、河北、吉林、江苏、浙江、福建、江西、河南、广东等9省（区、市）试点新一代国家交通控制网和智慧公路。将基础设施数字化、路运一体化车路协同、北斗高精度定位综合应用、基于大数据的路网综合管理、“互联网+”路网综合服务、新一代国家交通控制网6个方向作为重点。

2013年6月，交通运输部印发了《国家公路网规划（2013—2030年）》，该规划是我国公路交通基础设施中长期布局规划，体现的是国家新时期综合交通运输战略方针，是指导国家公路长远发展的纲领性文件，对我国公路交通产生深远影响。国家公路网规划的目标是：形成“布局合理、功能完善、覆盖广泛、安全可靠”的国家干线公路网络，实现首都辐射省会、省际多路连通，地市高速通达、县县国道覆盖。1000km以内的省会间可当日到达，东中部地区省会到地市可当日往返、西部地区省会到地市可当日到达；区域中心城市、重要经济区、城市群内外交通联系密切，形成多中心放射的路网格局；沿边、沿海公路连续贯通，形成环绕我国大陆的沿边沿海普通国道路线；有效连接国家陆路门户城市和重要边境口岸，形成重要国际运输通道，与东北亚、中亚、南亚、东南亚的联系更加便捷。

（3）各地出台的智慧高速公路建设指导性文件

为了指导和规范智慧高速公路建设，各地陆续编写发布智慧高速公路建设的指导性文件。2021年11月，四川省、重庆市联合发布了川渝智慧高速公路系列地方标准，浙江、江苏、山东等12个省（区、市）相继出台了智慧高速公路建设的指南，全国智慧高速公路建设技术标准及指南汇总见表1-2。

全国智慧高速公路建设技术标准和指南汇总表　　表1-2

序号	名　　称	印发单位	标准号/文号
一、地方标准			
1	《智慧高速公路　第1部分:总体技术要求》	重庆市市场监管总局与四川省市场监督管理局(2021.11.25)	DB50/T 10001.1—2021 DB51/T 10001.1—2021
2	《智慧高速公路　第2部分:智慧化分级》	重庆市市场监管总局与四川省市场监督管理局(2021.11.25)	DB50/T 10001.2—2021 DB51/T 10001.2—2021
3	《智慧高速公路　第3部分:路侧设施建设规范》	重庆市市场监管总局与四川省市场监督管理局(2021.11.25)	DB50/T 10001.3—2021 DB51/T 10001.3—2021
4	《智慧高速公路　第4部分:车路协同系统数据交换》	重庆市市场监管总局与四川省市场监督管理局(2021.11.25)	DB50/T 10001.4—2021 DB51/T 10001.4—2021
二、地方指南			
1	《智慧高速公路建设指南》(暂行)	浙江省交通运输厅(2020.03.20)	ZJ/ZN 2020-01
2	《江苏省普通国省道智慧公路建设技术指南》	江苏省交通运输厅(2020.12.31)	JSITS/T 0002—2020
3	《宁夏公路网智能感知设施建设指南》	宁夏交通运输厅(2021.02.08)	NXJT/XJJ 0001—2021
4	《湖南省高速公路建设管理指南》	湖南省交通建设质量安全监督管理局(2021.06.04)	湘质安函〔2021〕13号
5	《智慧高速公路建设指南》(试行)	山东省交通运输厅(2021.06.30)	SDITS/GL 2021-01
6	《智慧高速公路建设指南》	北京市交通委员会(2021.12.30)	BJJT/0060—2021
7	《云南省智慧高速公路建设指南》(试行)	云南省交通运输厅(2022.01.24)	云交信息〔2022〕1号
8	《甘肃省智慧高速公路建设技术指南》	甘肃省交通运输厅(2022.03.26)	甘交科技〔2022〕4号
9	《河南省智慧高速公路建设技术指南》(试行)	河南省交通运输厅(2022.06.16)	豫交文〔2022〕102号
10	《广东省智慧高速公路建设指南》(试行)	广东省交通运输厅(2022.09.30)	GDJT 001-07—2022
11	《上海市智慧高速公路建设技术导则》	上海市交通委、上海市道路运输局(2022.09.13)	沪交道运〔2022〕564号
12	《智慧高速公路建设指南》(征求意见稿)	河北省市场监督管理局	—

①地方标准。

2021 年 12 月，四川省、重庆市市场监管局联合召开川渝区域地方标准发布会，联合发布了川渝两地智慧高速公路系列标准，包括《智慧高速公路 第 1 部分：总体技术要求》《智慧高速公路 第 2 部分：智慧化分级》《智慧高速公路 第 3 部分：路侧设施设置规范》《智慧高速公路 第 4 部分：车路协同系统数据交换》4 个部分，该系列标准对智慧高速公路总体、智慧化分级、路侧设施布设及车路协同数据交互进行了规定，为成渝地区双城经济圈智慧高速公路的新建、改(扩)建工程，以及高速公路既有设施智慧化提升改造提供标准依据。

②地方指南。

2020 年 3 月，浙江省交通运输厅正式发布国内首个关于智慧高速建设方面的指导性文件《智慧高速公路建设指南》(暂行)，涉及 7 大新基建方向中的大数据中心、新能源汽车充电桩、5G 基站建设、人工智能、工业互联网等 5 个方向。

2020 年 11 月，江苏省交通运输厅印发《江苏省智慧高速公路建设技术指南》，进一步推进江苏高速公路高质量发展，为全国智慧高速公路建设提供“江苏经验”。指南提出构建“全要素感知、全方位服务、全业务管理、支撑及保障、车路协同与自动驾驶”总体架构。

2021 年 2 月，宁夏交通运输厅组织印发《宁夏公路网智能感知设施建设指南》，首次明确全区桥隧健康监测、路网监测和超限超载非现场执法 3 个方面的智能感知设施建设的基本标准和要求。

2021 年 6 月，湖南省交通建设质量安全监督管理局发布《湖南省高速公路建设管理指南》，提出要进一步加强信息化建设，加强“互联网 +” + “监管”。

2021 年 6 月，山东省交通运输厅印发山东省《智慧高速公路建设指南》(试行)，提出智慧高速公路总体架构、建设分类、智慧建养体系、智慧运营体系和支撑体系的建设要求，为新建、改扩建智慧高速公路项目和已运营高速公路智慧化提升项目建设提供重要依据。

2022 年 1 月，北京市交通委员会发布《智慧高速公路建设指南》(试行)，从智慧化感知、智慧化服务、智慧化管理、共性服务平台及支撑与保障等方面，对智慧高速公路的建设提供了指导与建议；面向管理者、运营者及所有者从建设、运营、维养等方面提出智慧化管理，面向使用者提出智慧化服务；满足高速公路行业管理者、所有者、运营者和使用者的需求，覆盖建设、管理、养护、运营、服务全过程。

2022 年 2 月，云南省交通运输厅印发《云南省智慧高速公路建设指南》(试行)，详细规定了智慧高速公路建设阶段流程，提出了支撑型应用、业务型应用和创新型应用建设要求，根据需求进行应用配置，规定了高速智慧化等级。

2022年3月，根据《甘肃省智慧公路体系框架》，甘肃省交通运输厅发布了《甘肃省智慧高速公路建设技术指南》，从路段级、区域路网级、全域路网级三个层面实施。提出智慧高速公路全要素感知、支撑及保障、典型应用、创新应用的四层技术架构和建设指导，并对建设管理提供了技术建议。

2022年6月，河南省交通运输厅印发《河南省智慧高速公路建设技术指南》（试行），提出信息基础设施、面向服务管理的业务应用系统、专项场景系统设施以及创新场景的建设要求，规定了智慧化分级建设内容和适用范围。还提出在智慧高速公路设计之前进行调研分析，在运营后进行周期性评估、阶段性评价。

2022年9月，广东省交通运输厅发布《广东省智慧高速公路建设指南》（试行）。该指南以应用场景为抓手，以构建路网的数字化能力、提高路网运行效率、降低安全事故和提高服务水平为目标，提出了1个感知传输体系、3级数据中心和N类应用场景的"1+3+N"智慧高速公路建设体系，为全省智慧高速公路建设提供指引。

2022年9月，上海市交通委员会、上海市道路运输局印发《上海市智慧高速公路建设技术导则》，规范了上海市智慧高速公路建设的整体架构，包括云、边、端三个层次，创新提出了L1～L4的智慧高速公路建设等级，从云控平台、边缘计算、路侧设施和支撑保障系统共4方面提出了建设要求。

2022年8月，河北省市场监督管理局对河北省地方标准《智慧高速公路建设指南》（征求意见稿）进行征求意见。提出包含感知、控制、协同、管理、服务五个核心子系统的智慧高速公路总体架构，以及包括数字感知系统、主动控制系统、车路协同系统、交通管理系统、交通服务系统、全寿命资产管理系统、智慧隧道、智慧服务区和基础支撑的智慧高速公路建设内容要求，并规定应用于智慧高速公路建设的硬件设备和软件的测试要求。

1.3.2 技术环境

"十三五"期间，新一代无线通信、高精度定位和高精度地图、大数据和云计算等新技术日趋成熟，为智慧公路建设提供了很好的技术条件。

（1）无线通信

通信是智慧高速公路建设中的基础支撑条件，通信技术的发展与进步，引领智慧高速公路的发展。智慧高速公路任何需要联网、信息传递的地方，都需要通信网络的存在，包括高速公路沿线感知设备、中心控制、边缘控制、车辆等。LTE-V(Long Term Evolution-Vehicle)、5G 等无线通信技术使车路间信息交互成为可能;产业界推出成熟稳定的芯片和模组产品,这些产品均可提供 LTE-V 的车载设备和路侧设备;传统车企积极创新发展,研发实现了 LTE-V 的车路、车车等应用;通信、芯片、终端、软件等相关企业开始合作进行 LTE-V 车路协同系统的示范演示。

(2)高精度定位

高精度定位技术发展很快,我国北斗地基增强系统已完成近 2000 个基准站建设并投入运营,实时向数据采集者提供不同类型的 GNSS(Global Navigation Satellite System,全球导航卫星系统)观测值。北斗地基增强系统能提供静态毫米级定位后处理服务,以及动态实时厘米级、亚米级高精度差分定位服务。高精度服务提供商在我国东部沿海地区开阔环境下,车辆在 60km/h 匀速运行状态下,系统服务精度为:动态亚米级服务水平误差≤0.5m;动态厘米级服务水平误差≤2cm;静态后处理服务水平误差≤3mm。

(3)高精度地图

高精度地图被认为是支持自动驾驶上路运行的基础条件,相对于传统地图而言,高精度地图实时性更高、地图描述更加全面。产业界采集、制作精度达厘米级的高精度地图必须持有导航电子地图制作甲级测绘资质,截至 2022 年 8 月,通过导航电子地图制作甲级测绘资质复审换证的企业 19 家。我国的高精度地图平均精度能够达到 10cm 左右,并且涵盖道路、设施、自然环境、周边建筑物、POI(Point of Interest,兴趣点)等全部要素。

(4)大数据

大数据(Big Data)是互联网行业的术语,是指无法在一定时间范围内用常规软件工具进行捕捉、管理和处理的数据集合,是需要新处理模式才能具有更强的决策力、洞察发现力和流程优化能力的海量、高增长率和多样化的信息资产。大数据具有数据量大(Volume)、数据类型多(Variety)、处理速度快(Velocity)和价值密度低(Value)等特点。大数据包括结构化、半结构化和非结构化数据,非结构化数据逐渐成为数据的主要部分。据 IDC(Internet Data Center,互联网数据中心)的调查报告显示:企业中 80% 的数据都是非结构化数据,这些数据每年都按指数增长 60%。大数据是互联网发展到当今时代的一种表象或特征,在以云计算为代表的技术创新大幕的衬托下,这些原本看起来很难收集和使用的数据开始容易被利用起来,随着各行各业的不断创新,大数据会逐步为人类创造更多的价值。

(5)云计算

云计算是大数据处理中不可或缺的技术,尤其是大数据处理和分析的支撑技术。底层数据储存的支撑架构由分布式文件系统提供，在此基础上再建立分布式数据库，可以高效管理数据提升的访问速度。一个开源的数据实现平台集成不同的数据分析技术，可以对各种各样的数据进行分析并获得有用的知识或模式，之后再以合理的方式（如可视化技术）呈现给用户，以满足用户的需求。云计算提供了一种新兴的资源使用和交付模式，一种新事物要发展必须要有相应的技术来支撑，硬件技术、海量数据管理技术、虚拟化技术、云平台管理技术等在云计算中都要涉及；另外，移动互联网技术的发展与进步使得全球广域网技术、无处不在的接入技术、集约化的数据中心、灵活多样的终端等也加入到了云计算。

1.3.3 产业环境

智慧高速公路涉及的各个产业已发展成熟，包括北斗、5G、无人驾驶、车联网、人工智能等产业。

北斗助力智能网联车智能终端设备的发展，《2021 中国卫星导航与位置服务产业发展白皮书》显示，2020 年国内卫星导航定位终端产品总销量超 4.36 亿台，其中具有卫星导航定位功能的智能手机出货量达到 2.96 亿台；汽车导航后装市场终端销量达到 281 万台，汽车导航前装市场终端销量达到 437 万台，各类监控终端销量达到 419 万台。国内超 700 万辆道路营运车辆和超过 3 万辆邮政快递干线车辆已应用北斗，综合交通管理效率和运输安全水平全面提升，重特大事故发生起数下降 93%，死亡率下降 86%❶。

5G 无线网络因其高速率、大容量、低时延、高可靠等特点在智能交通行业发展迅速，工业和信息化部总工程师韩夏在 2021 年 IMT—2020(5G) 大会开幕式上表示，截至 2021 年 10 月底，我国 5G 基站建成 129.1 万个，覆盖全国所有的地级以上城市市区、97% 以上的县区以及 50% 的乡镇镇区。5G 基站的建成，为实现智慧高速公路业务应用及车路协同安全预警等场景提供保障。

智慧高速公路中业务场景的实现需要依靠装有智能车载终端的车辆或者具有联网功能的车辆，随着智慧高速公路建设进程的加快，智能网联车辆的占比越来越高，全球研究咨询机构埃信华迈发布《中国智能网联市场发展趋势报告》显示，2020 年全球市场搭载智能网联功能的新车渗透率约为 45%，预计至 2025 年可达到接近 60% 的市场规模。同时，我国自动驾驶测试里程数也不断攀升，以北京市为例，自动驾驶车辆道路测试安全行驶总里程突破 300 万 km（截至 2021 年 5 月）❷。

---

❶ 资料来源于《2021 中国卫星导航与位置服务产业发展白皮书》。

❷ 资料来源于信通院《车辆网白皮书》。

智慧高速公路中智能决策、路网态势分析、交通事件预测、多源预购数据融合等需要人工智能算法。阿里云 AI(Artificial Intelligence,人工智能)服务的日期调用规模超1亿次,日处理图像10亿张,百度大脑已对外开放了270余项AI能力,日调用量突破1万亿次,腾讯AI开放平台已服务全球用户数超12亿,客户数超200万❶。

1.4 智慧高速公路技术体系演进

技术体系作为各种技术之间相互作用、相互联系,按一定目的、一定结构方式组成的技术整体架构,对于具体领域的技术应用和发展具有重要的指导价值。在交通领域,智能运输系统(Intelligent Transportation System,ITS)体系框架是指导交通运输行业智慧化发展十分重要的技术体系框架,智慧高速公路技术体系也是如此,它对新技术在智慧高速公路建设和发展具有重要的指导作用。智慧高速公路建设作为一项涉及人、车、路、环境多要素的系统工程,在统一的顶层技术体系框架下开展建设工作,能够使各要素互相交互、协同运作。智慧高速公路建设应充分考虑服务用户的需求、交通运行控制要求、新一代信息通信和无线传感等技术的使用,以及自动驾驶车辆上路的需求、新能源的利用。综合利用技术、创新服务,适时合理构建技术顶层架构。

本节首先在分析国内外智能交通体系框架发展的基础上,介绍了我国“三网合一”智能基础设施和云边端协同云控平台的“智慧高速公路技术体系”,并对智慧高速公路技术体系的架构、构建内容和应用效果等进行探讨。

1.4.1 国际智能交通体系框架

美国、欧洲、日本持续开展了ITS框架研究。美国和欧洲的ITS框架均采用了面向过程的方法,对系统的功能进行分解描述,并采用数据流图和系统架构图表示逻辑模型和物理模型。日本采用了面向对象的研究方法,建立ITS体系的逻辑框架与物理框架。

1993年,美国开始进行国家体系框架项目研究,并于1996年5月完成“国家智能交通体系框架1.0版本”;2015年,考虑到智能网联汽车的发展和应用需求,提出了“网联汽车ITS执行参考架构”,2017年将“国家智能交通体系框架7.1版本”和“网联汽车ITS执行参考架构2.2版本”中的所有范围和内容进行融合,提出了“合作式智能交通参考体系框架”(Architecture Reference for Cooperative and Intelligent Transportation,ARC-IT)。

---

❶ 资料来源于信通院《2021年人工智能核心技术产业白皮书》。

随着新技术快速发展和交通的需求，美国 ITS 框架也在不断更新，推出了 8.3 版本，名字也改为“合作式智能交通参考体系框架 8.3 版本”（ARC-IT 8.3），其架构如图 1-8 所示。

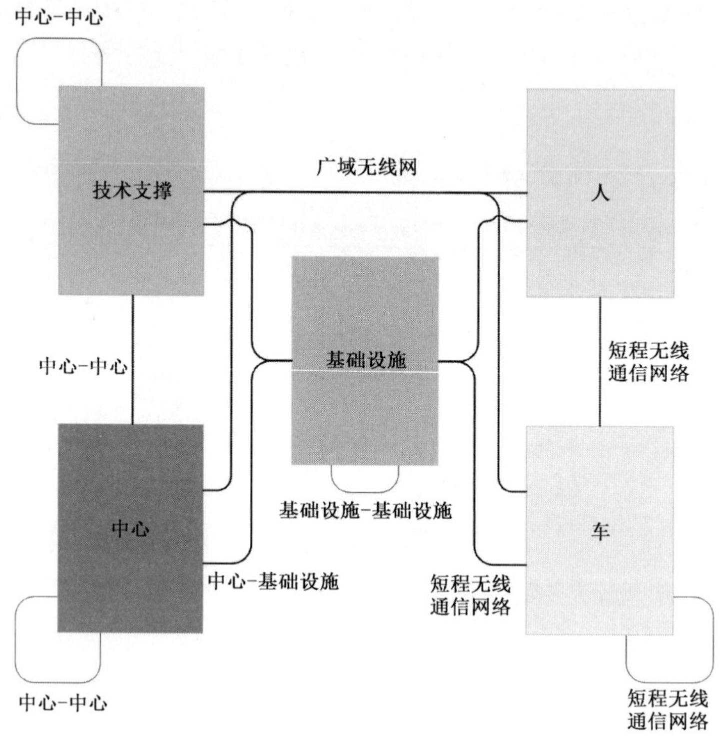

图 1-8　ARC-IT 8.3 版本架构图

美国 ITS 框架核心的演进特征包括以下几个方面：

（1）智慧化基础设施中心位置突显

打破原来人、车、路、中心均衡分布的结构，将基础设施处于中心位置，更加突出对基础设施智能化的支持。并且将通信、定位、地图等信息内容拓展为基础设施范畴。

（2）新技术支撑的创新服务能力拓展明显

“合作式智能交通参考体系框架”与“国家智能交通体系框架”相比，通过对交通参与者需求进行分析，服务领域由 8 类拓展为 12 类，服务包由 97 项拓展为 139 项，并且在服务拓展过程中关注现有技术对新型运载工具、创新服务的支撑能力。

（3）关键技术对于合作式智能交通的支持作用显著增强

“合作式智能交通参考体系框架”与“国家智能交通体系框架”相比，将共性技术独立分类增加了技术支撑内容，更加突出了关键技术对于车路协同合作式智能交通的支持。

1.4.2　我国智能交通体系框架

面对 ITS 各系统急需协调规划的问题，由国家智能交通系统工程技术研究中心（以下简称"国家ITS中心")牵头,集合国内ITS相关领域的专家,在"九五"期间推出了"中国智能运输系统体系框架(第一版)",提出中国ITS体系框架的主要组成部分:用户主体、服务主体,用户服务,系统功能,逻辑架构,物理架构,ITS标准,经济技术评价。2002年对"中国智能运输系统体系框架(第一版)"进行全面修订和完善,经过两年多的攻关研究,"中国智能运输系统体系框架(第二版)"编制完成,中国ITS物理框架简图如图1-9所示。

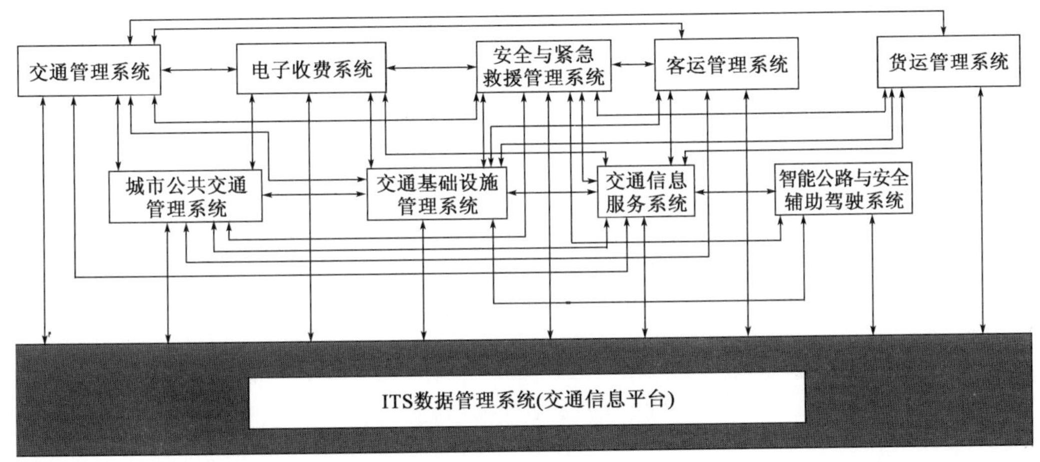

图1-9 中国ITS物理框架简图

中国ITS体系框架构建方法采用了面向过程的结构化方法,基本思想可以归纳为分析的层细化、功能的模块化和相互关联3个方面,核心是自顶层向下逐层分解和抽象,其分析过程包括需求分析、系统模型和物理模型3个阶段,3个阶段以递进关系描述了系统分析和构建过程。中国ITS体系框架中的用户服务、逻辑框架和物理框架分别与以上3个部分对应,如图1-10所示。

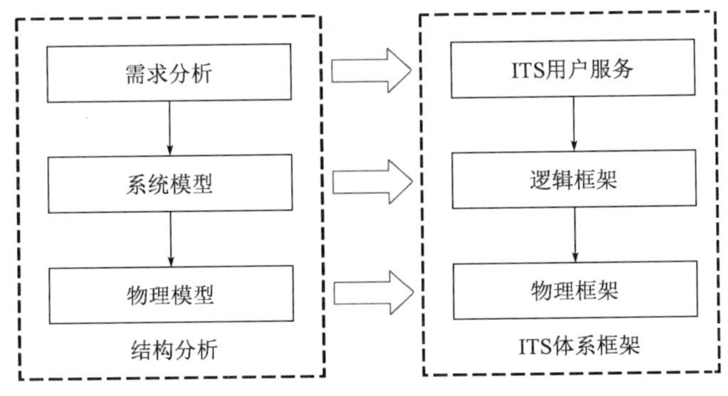

图1-10 ITS体系框架构建过程与结构分析过程对应关系图

具体步骤如下:

步骤1:确定用户服务内容

ITS 体系框架研究首先定义了用户主体和服务主体，定义了用户主体和服务主体就明确了服务中的双方，所有有关 ITS 用户服务的讨论都是基于这两者的关系展开的。在用户服务上，为了保证与国际接轨并符合中国的实际习惯和管理体制，以 ISO 14813/TR-1&5 中定义的服务领域和用户服务为蓝本，专家对政府部门科技主管和 ITS 领域进行了调查，以调查结果为依据，对服务领域进行了重新划分，并对用户服务进行了补充。然后按交通管理和规划、电子收费、车辆、紧急事件与安全、运营管理、自动公路、综合运输（枢纽）等 8 个领域提出用户对 ITS 的需求，按照中国的实际重新定义了用户服务和子服务，赋予了用户服务的含义。

步骤 2：建立逻辑框架

从分析用户服务入手确定系统应该具有的主要功能，并将功能划分成系统功能、过程、子过程等几个层次，分析 ITS 的逻辑结构和各个功能之间的交互关系，明确功能和过程之间交互的主要信息，并以数据流的形式对交互信息进行定义。

步骤 3：建立物理框架

从物理系统的角度分析实际 ITS 应该具有的结构，并按照系统、子系统、模块等层次对系统进行结构分析，重点分析 ITS 的物理系统之间交互的信息，并以框架信息流形式对此信息进行定义；在物理框架中明确系统对系统功能的实现关系和框架流对数据流的包含关系，这就从根本上反映了物理框架和逻辑框架的关系。

我国 ITS 体系框架开发采用了系统结构分析的基本理论和方法，并在实际应用过程中根据具体情况对该方法进行了一定的修正。实践证明，利用该方法开发的国家框架层次关系明确，清晰易懂，能够很好地满足使用需求，在宏观层面指导国家 ITS 建设。

1.4.3 我国智慧高速公路技术体系

顶层技术体系框架构建无论是对于智能交通发展还是对智慧高速公路发展来说都尤为重要。在分析国际智能交通体系框架的基础上，总结我国智慧高速公路近 10 年试点工程建设的经验和成果，围绕近年来智慧公路与自动驾驶领域开展的工作，交通运输部公路科学研究院智能公路研究团队在岑晏青研究员带领下研究提出了由“三网合一”智能基础设施和云边端协同的云控平台，以及基于其上的多种交通创新应用服务构成的“智慧高速公路技术体系”。构建我国智慧高速公路技术体系，首要任务是确定智慧高速公路用户，分析用户需求，形成满足用户需求的创新应用服务，详细内容见第 3 章。

1.4.3.1 技术体系总体架构

“三网合一”的智能基础设施是智慧高速公路建设、云控平台及其上各种应用服务实现的基础和保障条件,包括支持先进技术应用的高速公路网土建设施预留、全覆盖的感知通信控制网和绿色能源网;云边端协同的云控平台汇聚、融合、分析处理高速公路各类交通对象,如人、车、路、服务区、收费站等数据,形成面向交通不同层级和不同应用的控制决策,对高速公路本地、通道以及网络的不同层级交通运行系统实施精准控制,提高智慧高速公路以及相关高速公路网的道路利用率,保障路网负荷的均衡化,提高智慧高速公路以及相关高速公路网的道路利用率和通行效率;创新性服务是在"三网合一"智能基础设施和云边端协同的云控平台的基础上,针对高速公路运行的实际需求,结合新技术的发展,实现多种的交通应用服务,包括高精准的信息服务、车路协同式安全预警与控制服务、多方式自由流收费服务和电动汽车充电服务、高速公路精准管控服务和交通应急指挥调度与处置服务等。我国智慧高速公路技术体系概念如图 1-11 所示。

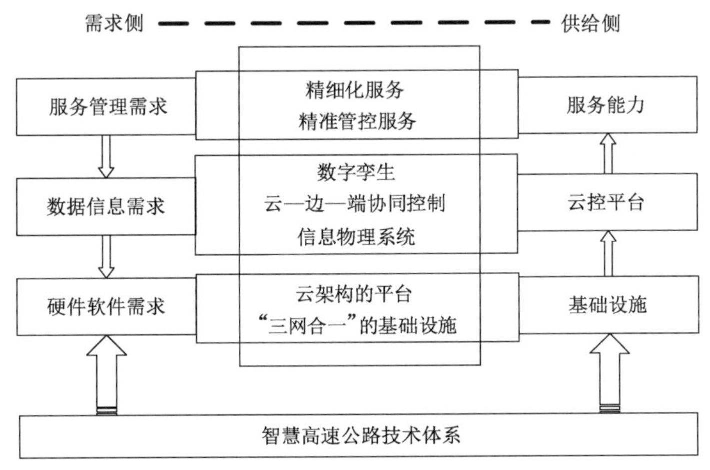

图 1-11 智慧高速公路技术体系概念图

(1)服务能力

智慧高速公路最终的目标是服务用户,随着智慧高速公路建设的不断发展和完善,将会有更多的利益相关者成为智慧高速公路的用户,满足用户需求。提供满足用户需求的服务是制定智慧高速公路技术体系的出发点和落脚点,智慧高速公路技术体系应具有服务功能和可拓展性,以满足不同用户的需求。因此,用户服务是智慧高速公路技术体系中的一个重要的组成部分。智慧高速公路服务的能力总体而言在向精细化发展,主要表现为精细化的在途服务,以及精准的节点、路段和路网管控服务。

(2)云边端协同的云控平台

云控平台是智慧高速公路的大脑,也是支撑实现用户服务、提供高水平服务和管理的必不可少的重要保证,因此,在智慧高速公路技术体系中,我们把云控平台作为重要的组成部分。智慧高速公路云控平台具有三个典型特质:一是云—边—端协同控制模式,二是信息物理系统支撑形式，三是数字孪生重构形态。

(3)“三网合一”智能基础设施

要满足用户需求，实现用户服务，必须有相关的技术和系统进行支撑，因此，智慧高速公路的基础设施建设能力也是非常重要的内容，这些基础设施建设的技术水平决定了所能提供用户服务的质量。“三网合一”智能基础设施是指高速公路网、感知通信控制网、绿色能源网三个网络化基础设施叠加融合所形成的高速公路基础设施。

1.4.3.2 技术体系构建内容

(1)“三网合一”智能基础设施

“三网合一”智能基础设施的组成如图 1-12 所示。

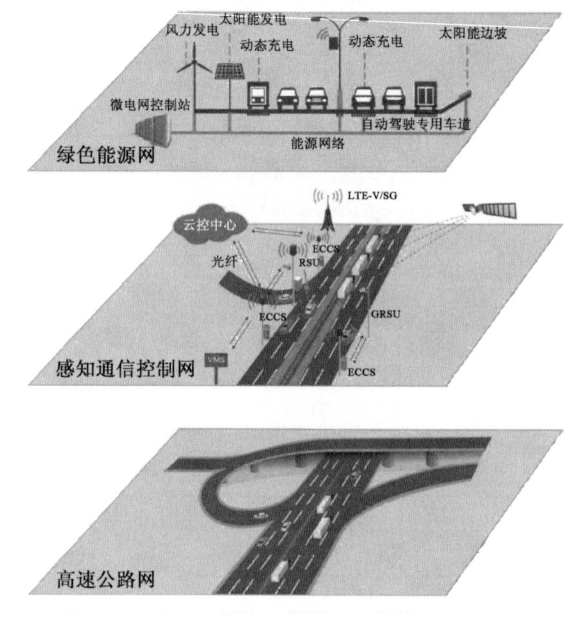

图 1-12 “三网合一”智能基础设施组成示意图

①高速公路网。是指承载汽车行驶、完成客货运输功能的高速公路土建结构网络(包括路基、路面、桥隧等)，即普通高速公路网络。高速公路网在建设前期充分考虑为智慧设施设备建设预留土建接口，减少后期高速公路升级改造的费用，并为未来新技术在高速公路上的应用提供一个良好的条件。

②感知通信控制网。是指在高速公路沿线布设的通信设施、传感设备和监控设备所组成的，完成人、车、路协同控制功能的设施设备网络。

③绿色能源网。是指充分利用高速公路沿线空间资源，布设太阳能、风能等发电设施，以及优化配置供配电系统，实现对感知通信控制网绿色、可靠供电功能的能源供给设

施设备网络。

(2)云边端协同的云控平台

云边端协同的云控平台是指由端设备、边子系统、云子系统组成,具有自下而上逐级数据处理与管控指令传递逻辑架构的高速公路云控制系统,其总体架构如图1-13所示。所谓端设备,是指高速公路上有稳定可靠网络连接、能实时在线的终端设备,主要包括路侧终端设备和车辆侧智能终端设备。所谓边子系统,是指高速公路沿线部署的具有边缘计算能力的设施,主要包括两类:路侧边缘计算控制站(Edge Computing & Control Station, ECCS)和路段云控中心(Cloud Control Center-Road Section, CCC-RS),ECCS部署在高速公路沿线路侧,CCC-RS可简称为路段云,根据实际功能需求一般部署在路段管理处机房。所谓云子系统,是指云计算技术架构的高速公路运行控制中心,即云控中心。按照所管理的高速公路路网数量多少、所属行政区划不同或运营管理层级差别,云控中心可分为三级,分别为路段云控中心(CCC-RS)、区域云控中心(Cloud Control Center-Roads Regional,CCC-RR)、路网云控中心(Cloud Control Center-Road Network,CCC-RN),简称路段云、区域云和路网云。

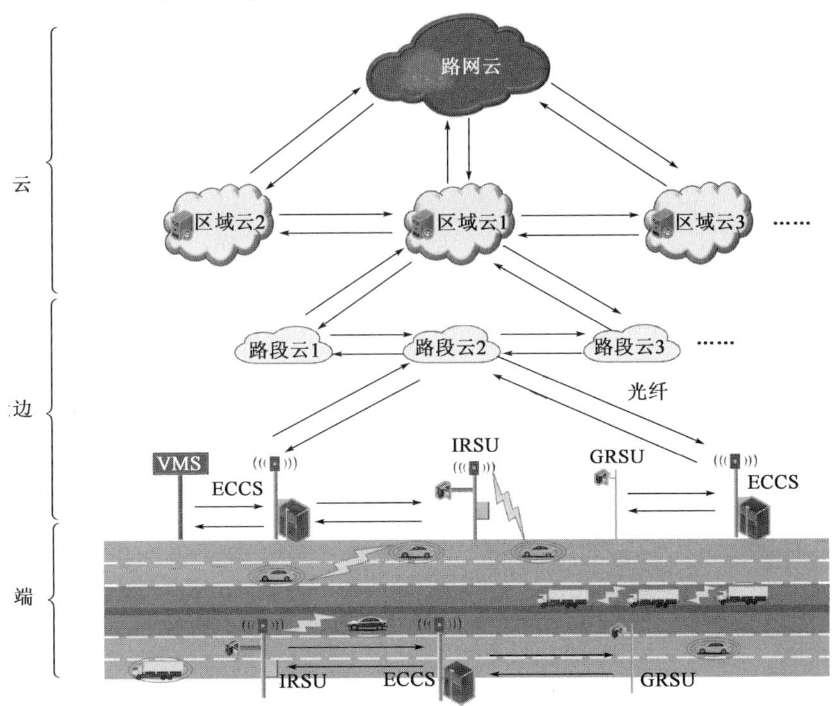

图1-13　云边端协同的云控平台总体架构图

IRSU-Intelligent road side unit(智能路侧单元);GRSU-General road side unit(一般路侧单元)

(3)创新性服务

创新性服务是在"三网合一"智能基础设施和云边端协同的云控平台的基础上,针对高速公路运行的实际需求,结合新技术的发展,实现多种的交通应用服务,包括高精准的信息服务,车路协同式安全预警与控制服务,多方式自由流收费服务,电动汽车充电服务,高速公路精准管控服务,智慧隧道、智慧服务区、交通应急指挥调度与处置服务;面向自动驾驶车辆,还可提供自动驾驶专用车道服务、货车编队行驶服务。

1.4.3.3 技术体系应用效果

智慧高速公路技术体系应用于杭绍甬、杭绍台、京雄、延崇等典型智慧高速公路的设计与建设,并指导四川、山东、湖南等地智慧高速公路建设。同时,成果还支撑了浙江省智慧高速公路发展规划编制和标准体系构建,并纳入了长江三角洲区域一体化发展规划、京津冀协同发展规划等国家重大战略规划政策文件,指导高速公路智慧化水平向新阶段迈进。可以预测,随着我国智慧高速公路建设的全面启动,智慧高速公路技术体系有着广阔的应用前景和良好的推广价值。

1.5 智慧高速公路国家试点示范情况

为推动智慧高速公路建设和已建道路的升级改造,交通运输部指导地方交通运输管理部门,共同积极推进智慧高速公路试点示范工程建设。2017 年,交通运输部在 9 省(区、市)开展了新一代国家交通控制网和智慧公路试点工程。2018 年以来,交通运输部在长三角、京津冀区域启动了杭绍甬高速公路、洋山港东海大桥、京雄高速公路、延崇高速公路智慧化建设示范工程,4 条智慧高速公路示范工程的目标都是为能提供精准管控及精细化服务,并支持智能化、电动化新型运载工具应用落地运行而探索提供成套解决方案。同时,浙江、江苏、四川、湖南、山东等省份,根据自身特点开展智慧高速公路建设和升级改造工作,尤其是四川省,2020 年完成了蓉城二绕高速公路和成宜高速公路的智慧化建设工作,并且联合重庆市发布了川渝区域智慧高速公路系列地方标准。全国智慧高速公路建设正在有条不紊地稳步推进。

(1)智慧公路试点工程

新一代国家交通控制网和智慧公路试点主题包括:基础设施数字化、路运一体化车路协同、北斗高精度定位综合应用、基于大数据的路网综合管理等 6 个方向。各省(区、市)在试点中注重北斗高精度定位、电子地图、人工智能、自动驾驶、车路协同、物联网、大数据等技术在交通运输管理与服务方面的创新应用,结合实际提升交通基础设施建设和运行管理的智能化水平。

在 2017 年启动的 9 省(区、市)试点工程建设的目标或者定位中,并没有全面思考支持运载工具电动化、智能化发展,在当时的政策、技术环境下,交通运输行业更多的是结合各省(区、市)道路的特点以及新技术特点,对单条道路、单项技术的创新应用,没有形成智慧化的综合创新应用,难以展现智慧高速公路的综合能力。

(2)长三角、京津冀区域智慧高速公路示范工程

交通运输部启动的京津冀区域的京雄智慧高速公路示范工程和长三角区域的杭绍甬智慧高速公路示范工程的目标都是为支撑自动驾驶应用落地提供一套完整的解决方案,方案中共性的内容是:考虑到未来技术发展的不确定性,在传统的土建结构上做好土建预留,本着"现有技术用足,未来技术预留"的原则,在土建预留基础上构筑传感通信控制网,实现高速公路泛在感知、通信全覆盖、高精度地图和高精度定位全覆盖等能力,既能使自动驾驶的车享受到服务,也能使人工驾驶的车享受到服务,同时管理者能够基于理论知识进行管理和决策;此外,构建绿色能源网,在服务区试点建设太阳能产能系统供给服务区设施设备用电,建设电动车充电系统支持电动汽车上路运行。

(3)四川省智慧高速公路建设

四川省在智慧高速公路建设方面包括蓉城二绕高速公路和成宜高速公路,两者均是交通强国建设试点工程(第二批)。其中蓉城二绕高速公路是四川省运营高速公路智慧化升级改造示范工程、智慧高速公路车路协同试点工程。蓉城二绕高速公路建设目标为:一是满足公众出行高质量需求,牢固树立以人为本的理念,为公众提供更便捷、更安全、更舒适的出行生活方式;二是满足行业监管透明化需求,定向提供数据资源,为监管、决策提供数据支撑;三是满足企业管理效能化需求,为企业管理者提供高效、经济、可靠的管理手段,培育有关数据商业化的经营模式。成宜高速公路是车路协同自动驾驶先导示范工程,是四川省数字新基建示范工程、省科技厅重点研发项目。成宜高速公路建设目标为:一是提升高速公路"建、管、养、运"信息化、智慧化水平;二是从传统"可测、可视、可控、可服务"的信息化高速公路发展为"实时监测预警、业务协同共享、精准化决策支撑、精细化服务管理"的智慧高速公路。

(4)各省(区、市)智慧高速公路试点示范情况

近期,北京、浙江、河北、湖南、山东等省(区、市)选择了具有战略性作用的新建道路以及急需解决拥堵、事故频发等问题的运营道路,根据道路自身特点开展智慧高速公路建设和升级改造工作,提供准全天候通行服务、车路协同安全预警服务、高精准信息服

务、自由流收费服务以及智慧隧道、智慧服务区等个性化的创新服务。隧道、服务区作为高速公路的关键构造物，如何利用信息技术提升隧道和服务区的运行效率、提高用户体验，成为业界研究和应用示范的重点。利用传感通信技术实时掌握隧道内和隧道群车流、车速、密度等流状态，实时检测慢行、超速、频繁转换车道等不良交通行为，实时检测撞壁、剐蹭、危险品遗撒、火灾等事件，并利用有线或无线通信系统实时传输，利用云边端协同的模式实时作出控制决策，并通过可变信息标志、限速标志、手机、车载终端等多种方式将信息传递给出行用户。隧道内智慧照明系统、智慧景观系统也是近期研究和示范应用的重点，秦岭隧道从布置方案、控制算法、照明设备等多方面综合考虑部署智慧照明系统，根据隧道内车流量情况、洞内外光照情况的不同自动调光，达到提升隧道出行用户舒适度以及节约电能消耗的目的。智慧服务区方面，国内开始关注从用户信息服务、服务区运营监管等多角度分析服务区智慧化的应用需求，研究和示范车流、客流、服务区资源、服务区体验等多源信息联动对信息技术应用和商业模式创新的需求。浙江、湖南、山西、河南等地陆续出台服务区星级评价标准(试行)，对服务区服务的总体要求、信息服务要求以及品质服务要求等多方面提出了星级评价指标。

CHAPTER TWO

第2章

国际智慧公路发展经验借鉴

智慧公路的发展是一个从简单到复杂、从低级到高级的过程，根据对国内外智能交通发展的分析，智慧高速公路的发展可以追溯到20世纪80年代，作为智能交通的一个组成部分，随智能交通的发展而发展，近年来由于自动驾驶、云计算、大数据等新技术的不断成熟，智慧公路迎来了发展的机遇期。

2.1 国际智慧公路发展情况分析

美国最早提出了自动公路系统（Automated Highway systems，AHS）概念，提出了划定AHS专用道路。AHS是指在道路、车辆上布设传感器收集信息，利用车辆控制技术、计算机技术、信息通信技术，实现管控信息在公路、车辆、驾驶员三者之间的传输，进而在极少或无人为干预的情况下驾驶车辆的一种系统。这与如今自动驾驶汽车的应用不谋而合。但美国的自动公路系统并未大规模付诸实践，随着近年来自动驾驶与车路协同的发展，美国将智慧公路再次提上日程，开展支持自动驾驶的智能公路相关研究、规划，以支撑自动驾驶测试及无人驾驶客货运输。

英国于1995年开始布设首条受控型智慧高速公路，荷兰、德国、奥地利、瑞典、芬兰、挪威、丹麦等国于2013年开始相继建设智慧公路，即合作式ITS（Cooperative Intelligent Traffic System，C-ITS）走廊。欧洲智慧公路的建设目的与美国不同，英国智慧高速公路建设目的是提升道路通行能力，减少交通拥堵和交通干扰，同时最大限度地降低环境对高速公路运行的影响；荷兰、德国、奥地利、瑞典、芬兰、挪威、丹麦等国建设的合作式ITS走廊，均是以提升出行安全与效率为目的，2013年投入示范应用，其丰富经验和成果对我国智慧公路建设与实际应用有着借鉴意义。

日本在智慧公路领域很早便开始启用ETC收费服务，2011年实现ETC 2.0，智慧公路也逐渐拓展至路网优化、高速公路管理等领域，其丰富经验和成果对促进我国公路不停车收费技术发展有参考价值。

2.1.1 美国智能公路与自动驾驶

美国自20世纪80年代开始开展公路智能化相关研究。随着自动驾驶技术的发展，美国正在推进自动驾驶专用道路相关公路示范建设项目。

2.1.1.1 智能公路

（1）自动公路系统（AHS）

20世纪90年代，美国《面上运输联运方式效率法案》（Intermodal Surface

Transportation Efficiency Act, ISTEA)审定开展 AHS 长期研究项目。该项目由美国联邦公路局(Federal Highway Administration, FHWA)组织开展,属于 ITS 计划的一个组成部分。AHS 发展由三个阶段构成:

第一阶段:自动公路系统分析阶段。主要研究发展自动公路系统需要的条件和预期达到的效果、人因以及避免碰撞预兆和控制服务。

第二阶段:系统定义阶段。目的是研究和验证自动公路系统的可行性,选择和测验原型系统,确定自动公路系统原型和相关利益关系人。通过在加利福尼亚与圣地亚哥Ⅰ-15号州际公路建设 7.6mi[❶] 试验公路示范项目,对多种可行的自动公路系统概念进行了鉴定和描述,选择优先的自动公路系统结构,完成试验原型、系统和维护文件。

第三阶段:运行测试和评价。将优先选择的自动公路系统结构与现有工业、技术结构一体化,调整环境,在大量的运行背景下评价自动公路系统结构和设置,建立自动公路系统发展指导方针,并申请美国运输部的资助和支持。

自动公路系统的组织与实施机构是国家自动公路系统协会(National Automated Highway System Consortium, NAHSC),该协会是一个包括政府、工业和学术界的联合协作组织,致力于应用现代技术改进美国高速公路的安全和效率,负责开发 AHS 原型。开发系统费用由成员单位分担,其中美国运输部承担 80% 的费用,其他成员单位承担 20% 的费用。

AHS 重点是为自动车辆提供基础设施支持,路侧控制系统和车辆本身可以负责车流运行的安全和高效性,AHS 提供了一种缓解道路拥堵、提升行车安全问题和提高道路利用率的解决思路,可以增加道路车辆容量,其路边控制系统可以优化整个道路容量和交通流量。研究表明,AHS 能够减少 90% 人为失误碰撞,每公里高速公路里程车辆碰撞次数减少 50% ~80%,致命及严重碰撞事故率减少一半以上,并可明显降低碰撞频率和严重程度。

(2)威斯康星州计划改造建设智能公路

随着技术进步,AHS 逐步朝着智能化的方向发展,智能公路将是一种为用户提供泛在移动服务供应的交通环境配备的必要设施。

美国威斯康星州投入近 5 亿美元对 94 号州级高速公路进行长度约 30km 的改造,从六车道扩宽至八车道的同时,还有一个车道能支持富士康无人自动驾驶项目。改造后,该车道将部署“联网和自动驾驶车辆”相关设备,包括监控摄像头、动态信息信号、光纤通信系统以及微波传感器等,能够实时报告紧急状况和车流情况等。该条公路计划于

❶ 1mi = 1.609344km。

2021 年完工并可根据技术发展更新升级。

威斯康星州的智能公路对富士康有着非同寻常的意义，该道路的建设不仅让富士康可以在晚 11 点至早 6 点使用无人驾驶卡车装载产品往返于其液晶面板生产工厂和米切尔国际机场之间，在节省可观数量的卡车驾驶员、提高运输安全性和效率的同时，还能为其无人驾驶业务早早预定一条商业规模化运营的实际路线。

(3)密歇根州将建自动驾驶专用道路

不同于威斯康星州的智能公路，密歇根州将建的自动驾驶专用道路的目的则是提供自动驾驶穿梭服务。

美国密歇根州计划开发一条 40mi(约合 64.4km)长的“网联自动驾驶汽车走廊”。这条智能网联车辆和自动驾驶车辆专用的道路将连接底特律和安娜堡两座城市以及两地的主要社区和重要地点，其中包括密歇根大学、底特律大都会机场、密歇根中央车站以及 12 个商业区。2020 年，该项目进入可行性分析阶段，主要进行技术测试和道路设计，同时也在探索不同的融资方式。

这条“网联自动驾驶汽车走廊”将由美国公司 CAVnue 与福特、密歇根大学等合作伙伴共同开展，并将得到包括宝马、本田、福特、通用、丰田等车企以及 Argo. AI、Arrival、Waymo、图森未来等自动驾驶公司组成的咨询委员会的支持。该走廊将结合物理基础设施、数字化基础设施、协调基础设施和运营基础设施，将车辆彼此连接并与道路基础设施连接。

2.1.1.2 自动驾驶

1)发展概述

美国对自动驾驶技术的研究开始较早。1950 年，美国 Barret Electronies 公司研发出了世界上的第一辆自动驾驶汽车，它可以自主行驶在预设道路上。1984 年前后开发出了 NavLab 系列智能车，该系列智能车配备了完善的控制系统装置，能够实现自主横向控制。1997 年以后，美国加州大学伯克利分校对车辆进行多种试验，该试验车配备磁道钉等感知技术，能够实现自动跟随、换道以及自适应巡航等辅助驾驶控制，这在一定程度上促进了车辆的自动驾驶技术发展。

谷歌公司(Google)也对智能车进行了研究。2009 年，Google 正式启动无人驾驶汽车项目，是世界上第一家推行无人车上路测试的公司；2010 年研制出无人驾驶汽车，它可以实现车道变换和保持、自适应巡航以及车队控制等功能；2016 年 12 月，Google 拆分无人驾驶业务成立了 Waymo 实体公司，加速了无人驾驶车辆商业化进程。2010 年，通用公司研发出 EN-V 系列电动联网智能车，它应用车联网技术，在自动驾驶系统中加入高级传感技术，实现了车辆的自动驾驶和自动泊车，其最大车速为 40km/h。

此外，电动汽车厂商特斯拉(Tesla)于 2003 年成立，至 2019 年，以上半年 134300 辆的销售量在全球纯电动汽车销售榜中跃居首位。Tesla 电动汽车所搭载的 Autopilot 自动辅助驾驶系统可以使车辆在车道内自动辅助转向、自动辅助加速和自动辅助制动，但仍需要驾驶员进行主动监控，车辆尚未实现完全自动驾驶。截至 2021 年，新款 Tesla 车辆均搭载完全自动驾驶所需的硬件，能在几乎所有情况下实现完全自动驾驶。

2)发展重点

美国运输部重点支持技术标准、人因工程、核心基础系统、测试平台等方面的技术研究，以及数字化智能、安全保障、交通系统性能提升等方面的技术研究。

(1)道路测试和示范区建设

道路测试和示范区建设，一方面在示范区模拟多种道路和场景，提供自动驾驶运行环境；另一方面通过真实道路测试，帮助自动驾驶汽车在实操中发现问题、积累经验，不断优化性能，推动技术创新。作为自动驾驶的先行者，美国拥有多项自动驾驶技术，也是全球自动驾驶道路测试城市最多的国家。在商业化落地方面，美国的企业为其他国家的自动驾驶提供参考案例，从 2018 年开始，陆续有自动驾驶公司推出 Robo Taxi 服务，这逐渐成为高级自动驾驶技术的落地应用热点。根据美国运输部的统计数据，截至 2020 年 3 月，美国共有 80 多家自动驾驶公司，总共拥有超过 1400 辆自动驾驶测试车辆，在美国全境内，共有 36 个州允许自动驾驶车辆在公开道路上进行测试。其中加利福尼亚州是首批在公共道路上实施自动驾驶车辆测试的州之一，也是自动驾驶测试最热门的州，尽管该州的自动驾驶汽车有关法规比其他州更为严格，但仍吸引了大量从事自动驾驶或相关行业的科技公司总部集聚于此。2020 年，有 60 多家公司在加利福尼亚州进行自动驾驶车辆测试，其中包括 Waymo、Cruise 等，也包括中国的百度、滴滴、Pony、WeRide 等。

(2)政策法规制定

在自动驾驶相关法规政策方面，2016 年 9 月，美国运输部颁布了全球首个无人驾驶政策文件《联邦自动驾驶汽车政策》(Federal Automated Vehicles Policy)，提出将安全监管作为核心，从自动驾驶汽车性能指南、统一的州政府、现行国家公路交通安全管理局(NHTSA)监管工具和新的监管工具四方面推动自动驾驶车辆的安全运行和领先发展。

此后，美国运输部在 2017 年 9 月发布了“自动驾驶系统 2.0”(Automated Driving Systems 2.0: A Vision for Safety，简称 AV2.0)，旨在协助行业、各州政府和地方政府、联邦政府统一全自动驾驶、先进驾驶辅助系统等自动化开发项目。

2018 年 10 月，美国运输部发布了“准备迎接未来交通：自动驾驶汽车 3.0”(Preparing for the Future of Transportation：Automated Vehicle 3.0，简称 AV3.0)，这是第一份涵盖地面交通系统多种运输模式自动化技术的综合性指导文件。

2021 年 1 月，美国运输部公布了最新的自动驾驶 4.0 计划，名为“自动驾驶 4.0——确保美国在自动驾驶方面的领导地位”，进一步明确了美国自动驾驶汽车的发展方向。该计划定义了实现自动驾驶系统愿景的三个目标，包括促进协作和透明度、现代化监管环境(主要是消除创新汽车设计、功能和操作等方面的不必要的监管障碍，并开发针对安全性的框架和工具，以评估自动驾驶系统的安全性能)以及为运输系统做准备。美国自动驾驶联邦政策发展简图如图 2-1 所示。

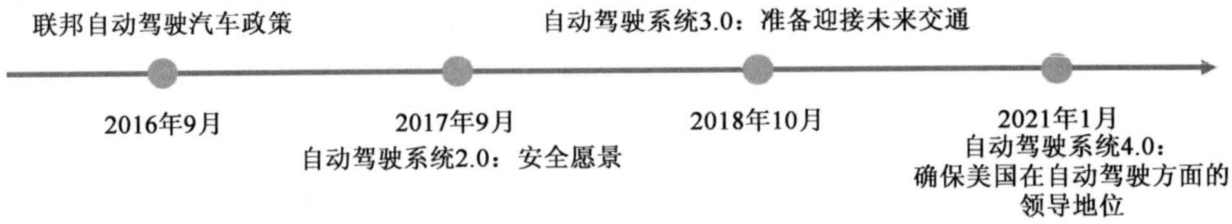

联邦自动驾驶汽车政策
2016年9月
2017年9月
自动驾驶系统2.0：安全愿景
自动驾驶系统3.0：准备迎接未来交通
2018年10月
2021年1月
自动驾驶系统4.0：确保美国在自动驾驶方面的领导地位

图 2-1　美国自动驾驶联邦政策发展简图

以上为联邦政策层面，在法律层面，2017 年美国众议院通过了《自动驾驶法案》(Self Drive Act)，旨在布局自动驾驶测试、建立国家标准。该法案基于联邦机动车法案，针对自动驾驶汽车的特点，对相关安全标准进行承认、修改和重新规定，并通过设置自动驾驶汽车生产者网络安全条款，从网络安全和数据保护角度对美国自动驾驶技术进行监管，但该法案未获得参议院的表决通过。所以美国联邦层面并未正式出台自动驾驶的监管法案，美国自动驾驶的测试及布局是由各州进行分别监管。2010 年之后，美国各州内部相继制定了自动驾驶相关法规政策，根据全国州议会的统计，截至 2020 年，美国已有 30 多个州制定了关于自动驾驶车辆的法律。

2.1.2　欧洲的合作智能交通系统

欧洲部分国家在公路智能化领域开展了 C-ITS 走廊示范建设工作，并取得一些研究及测试成果。C-ITS 旨在通过出行者、车载终端和路侧设备之间的实时、高效和双向的信息交互，为交通参与者提供全方位的、可靠的交通信息。

(1)荷德奥 C-ITS 走廊

从 2013 年开始，荷兰、德国、奥地利三国运用上述技术，启动 C-ITS 走廊合作发展项目，以加强跨国间信息的共享与交互，加强车路间的无缝交互，从而有效提升公路网的出行效率和安全水平，提升公路服务的现代化水平。

2013 年 6 月 10 日，荷兰、德国和奥地利三国交通运输部部长签署了合作备忘录，启动 C-ITS 走廊合作发展项目，拟采用创新技术建立智能交通系统，提高道路安全性和出行效率。该项目从荷兰鹿特丹开始，经德国法兰克福至奥地利维也纳，其主要目的是：提供车路协同 ITS 的国际合作及应用，并建立统一的标准规范。同时，遵循统一的线路图启动实际的项目与落实。

在 C-ITS 走廊合作发展项目的初始阶段，德国法兰克福道路施工预警项目结合奥地利 ECO-AT（European Corridor-Austrian Testbed for Cooperative Systems）项目以及荷兰的 DITCM（Dutch Integrated Testsite Cooperative Mobility）测试项目，以安全及道路施工、工况预警为主题，启动相关信息采集，提供路况、天气等预警信息发布服务。经过多年的测试，C-ITS 走廊已经逐渐从测试走向工程实践，奥地利于 2020 年开始考虑规模化部署，2023 年后将根据实施效果进行滚动实施。C-ITS 走廊部署计划如图 2-2 所示。

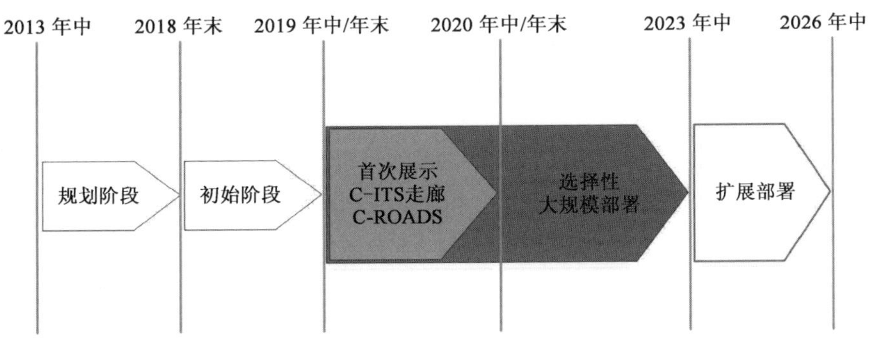

图 2-2　奥地利 C-ITS 走廊部署计划

（2）NordicWay C-ITS 示范道路

NordicWay C-ITS 示范道路联合了瑞典、芬兰、挪威、丹麦北欧 4 国，目的是以通用架构来进行试点并促进适合北欧特殊交通环境（如极端天气等）的 C-ITS 功能，促进在北欧国家更广泛的部署 C-ITS，最终实现改善道路交通安全、提高出行效率、减少碳排放目标。

NordicWay 项目遵循了欧盟委员会的政策指导，并得到了由欧盟创新和网络执行机构管理的“连接欧洲基金”（Connecting Europe Facility，CEF）计划的支持，是“全欧交通网络”（Trans-European Transport Networks，TEN-T）的第一步。项目总预算 520 万欧元，其中欧盟捐款 260 万欧元。NordicWay 提出的 C-ITS 架构如图 2-3 所示。

NordicWay 一期自 2015 年 1 月 1 日起，至 2017 年 12 月 31 日结束。2021 年 NordicWay 已进展至第三期合作。项目参与方来自芬兰、挪威、瑞典和丹麦的公共和私营企业，并通过相互间的合作推进。

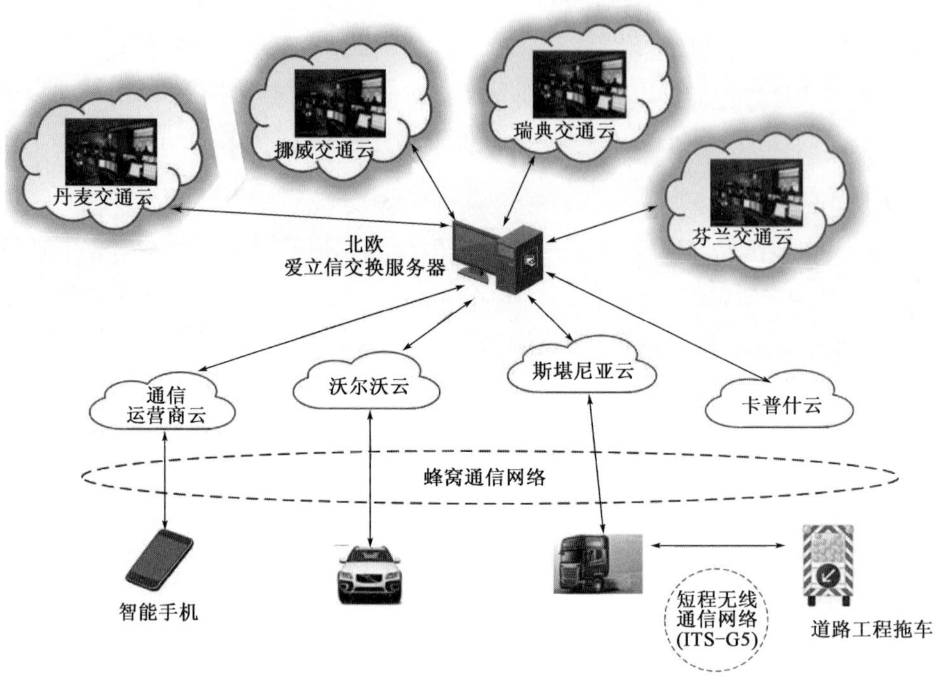

图 2-3 NordicWay C-ITS 架构

NordicWay C-ITS 示范项目中,基于自愿的原则,将车辆连接到 C-ITS 网络中,车辆利用蜂窝网络和道路上布设的"交换节点",与道路上的其他车辆以及周围基础设施共享信息,并获取交通安全信息,例如道路障碍物、天气状况、湿滑路面和事故等。

NordicWay C-ITS 示范项目开展了以下测试工作:

①测试多种 C-ITS 服务的互操作性;

②测试基础设施与网联和自动驾驶的适应性;

③测试提高交通安全性、流畅性的方法,以及通过减少二氧化碳排放来提高环境效益;

④展示并强调与更高自动驾驶级别车辆相关的未来服务和挑战。

(3)英国 Smart Motorways 智慧高速公路

自 20 世纪 60 年代以来,英国战略路网(Strategic Road Network,SRN)一直在扩张和发展。SRN 具有重要的战略意义,虽仅占所有道路网的 2.4%,却承载着 33% 的公路交通和 67% 的货运交通。英国交通部预计,未来 SRN 道路出行需求还将显著增长,预测自 2010 年至 2035 年将增长 44%。

SRN 的投资不足和交通流量的增加导致英国 SRN 出现严重的交通拥堵,某些区域已经达到或超过了道路最高容量,特别是在大城市附近,这给英国每年经济造成 20 亿英镑的损失。英国交通部统计局估计,到 2040 年,若不采取相应措施,交通拥堵每年将会造成 100 亿英镑的损失,而货运业将损失 22 亿英镑。每人每年要花费 16h 用于通勤,每年损失 2800 万个工作日,到 2040 年货运行业的年度成本将达 37 亿英镑。

为缓解上述问题,英国开始建设智慧高速公路,通过布设可变限速标志和车道指示器、交通流量感知及交通信号自动控制、视频监视、交通执法等设备,配置带有路侧紧急电话的紧急停车区等。在新增信息设施的支撑下,交通流在受控的环境中运行更加顺畅。

英国高速公路智慧化设备布设示意图如图 2-4 所示。

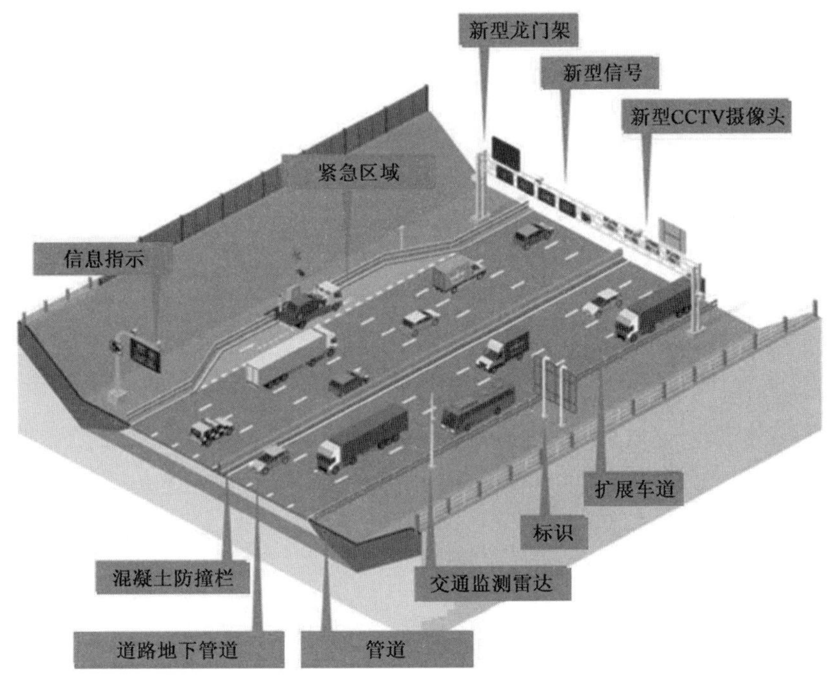

图 2-4　英国高速公路智慧化设备布设示意图

布设在路侧的传感器实时检测交通流的运行状态,摄像机动态监控异常交通事件,通过有线或无线通信将这些信息传输给道路管理者,道路管理者可以快速有效地对交通流实施管控、对事件进行处置。通过设置可变限速标志来管理高峰时段或事故期间的交通量,也可以减少拥堵。通过永久性或临时性开放额外的车道缓解交通压力,并为发生紧急情况的车辆提供紧急避难区,可以在保持道路使用者安全的同时提高通行能力。英国高速公路管理部门能够监测交通流,调整限制速度以缓解交通流,并提醒驾驶人注意危险、拥堵以及车道关闭。

英国的智慧高速公路的管控方式主要有三种:分车道限速管控(Controlled

Motorway,CM)、动态硬路肩管控(Dynamic Hard Shoulder Running,DHS)和全车道管控(All Lane Running,ALR)。

分车道限速管控,即在高速公路中分车道进行可变限速控制,其基本特点是具有三条及三条以上车道、硬路肩和可变限速标志,如图 2-5 所示。

图 2-5 分车道限速控制场景图

动态硬路肩管控型是受控型的拓展,在原受控型基础上,根据交通情况,在低速行驶限制的情况下有选择性地开放硬路肩作为行车道,拓展了道路潜在的额外容量,并且每隔一定间距设置紧急停车区,如图 2-6 所示。

图 2-6 动态硬路肩管控型智慧高速公路

不过,当且仅当高速公路上的硬路肩明确标识为开放使用时,驾驶人才能将硬路肩作为可使用的行车道,如图 2-7 所示。

2013 年,全车道行驶型智慧高速公路作为首选解决方案出现。全车道行驶型是在动态硬路肩管控型基础上,将硬路肩转为永久性行车道使用。如图 2-8 所示,硬路肩转为永久性行车道使用,因此车道边缘线由图 2-6 中的实线改为虚线。考虑到缺乏避难空间,全车道行驶型智慧高速公路每隔 1.55mi(约合 2.5km)就会有一个紧急避难区,以便在发生故障或事件时使用。

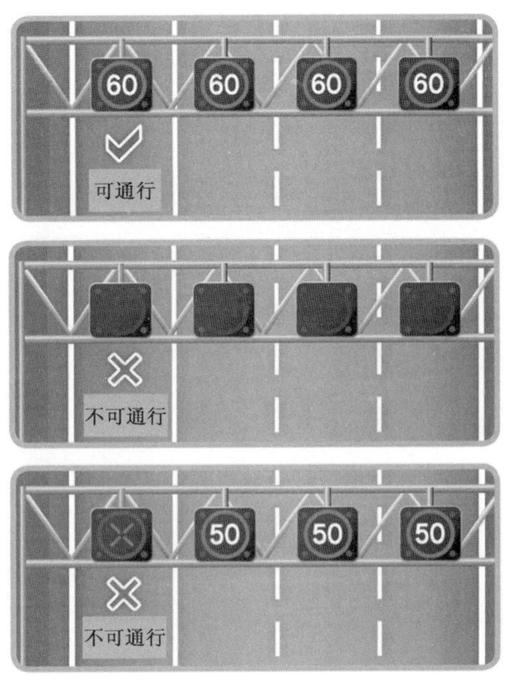

图 2-7　硬路肩动态管控可变信息标志设置图

图 2-8　全车道行驶型智慧高速公路

英国智慧高速公路建设成效显著,有效应对了自 2000 年以来 23% 的增长交通量,最繁忙的高速公路通行能力提高了 1/3,高速公路运行可靠性明显提高。

(4)欧洲提出支撑自动驾驶能力的基础设施级别

欧洲道路运输研究咨询委员会(European Road Transport Research Advisory Council, ERTRAC)于 2019 年发布了《网联式自动驾驶技术路线图》(Connected Automated Driving Roadmap—2019 update),有数字化基础设施、常规基础设施两个层面,包含协同驾驶、协

同感知、动态数字化信息交互、静态数字化信息交互、无数字化基础设施在内的 5 级支撑自动驾驶的道路基础设施级别（Infrastructure Support levels for Automated Driving，ISAD），如表 2-1 所示。

支撑自动驾驶的道路基础设施级别　　表 2-1

类别	等级	名称	描述	带有静态道路标识信息的数字化地图	VMS、预警、事故、天气信息	微观交通状况信息	引导：行驶速度、车辆间距、车道选择
数字化基础设施	A	协同驾驶	基于车辆的实时行驶状态信息，基础设施能够引导自动驾驶车辆（队列行驶车辆或单一车辆）行驶，从而使得整体交通流达到最优	•	•	•	•
	B	协同感知	基础设施能够获取微观交通状况信息并实时向自动驾驶车辆传输	•	•	•	
	C	动态数字化信息交互	所有静态和动态基础设施信息均以数字化形式提供给自动驾驶车辆	•	•		
常规基础设施	D	静态数字化信息交互/地图支持	可提供数字化地图数据和静态道路标志信息。地图数据可以通过物理参考点（如地标）进行补充。交通灯、临时道路施工和 VMS（动态信息标识）仍需要由自动驾驶车辆识别	•			
	E	无数字化基础设施（不支持自动驾驶）	常规基础设施，不能提供数字化信息，需要靠自动驾驶车辆来识别道路几何形状和交通标志				

ISAD 针对的是特定道路或高速公路路段，而不是整个道路网络。这也正好体现了基础设施部署的常规做法，即交通控制系统等经常布置在交通流量容易达到上限的路段，而其他路段很少出现交通被中断的情况，因而一般不需要安装这类交通控制系统。图 2-9 是 ISAD 发挥作用的过程示例，其中从 E 到 A，道路基础设施对自动驾驶的支持逐渐加强，不同路段的基础设施等级不同，对自动驾驶的支持和引导也会不同。

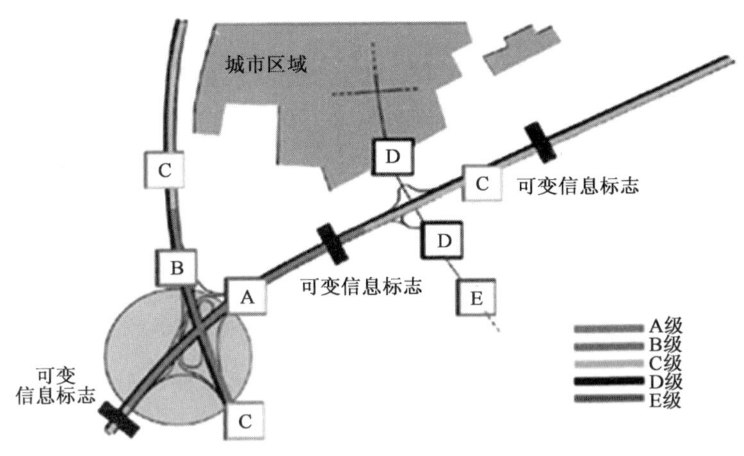

图 2-9　ISAD 示例

2.1.3　日本的智能交通系统

日本政府认为 ITS 是解决 21 世纪社会的最大问题——道路交通问题的有效手段，而且是保持和推进日本经济活力的重要措施，ITS 将成为 21 世纪前半期最大的产业，可以带动新的产业领域（如电子、信息通信、软件等）发展，形成城市型的公共事业（如高度信息化等），还能增强日本的国际竞争力（如通过高效的物流等）。进入 21 世纪后，ITS 在日本的发展被分为以下四个阶段：

第一阶段（2000 年前后），ITS 的初始发展阶段。在该阶段，交通信息主要提供给已经运行的车辆信息和通信系统（Vehicle Information and Communication system，VICS）及相关系统，交通拥堵信息和最佳路线信息将提供给车载导航系统，使驾驶员能够减少出行时间并提高出行的舒适性。在本阶段的后期，通过使用 ETC，达到缓解收费站拥堵的目的。

第二阶段（2005 年前后），通过逐步引入用户服务的思想开始交通系统革命的阶段。ITS 将有关目的地的服务信息和公共交通信息直接提供给用户。在该阶段，通过驾驶员安全驾驶系统和行人安全保护系统来减少交通事故的发生。同时，公共交通的舒适性和便利性也得到极大提高。

第三阶段（2010 年前后），ITS 被推进到一个更高的水平。基础设施、车载装置、法律和社会促使 ITS 成为一个稳固的社会系统，ITS 的作用是全国性的；通过对 ITS 更多更高级功能的认识，自动驾驶将全方位地发挥作用，汽车将提供一个安全和舒适的环境。

第四阶段（2010 年之后），ITS 进入到一个成熟的时期。ITS 建设过程中布设了大量光纤网、建立了多个服务系统,ITS 感知、通信、控制能力得到增强。该阶段,道路智慧化水平得到提高,交通系统中每一个运动的单元都有大量的信息交换,道路通行能力大大提升,交通事故也明显减少,道路环境与环境也将更加和谐。

日本智能交通发展历程和典型应用系统如图 2-10 所示。

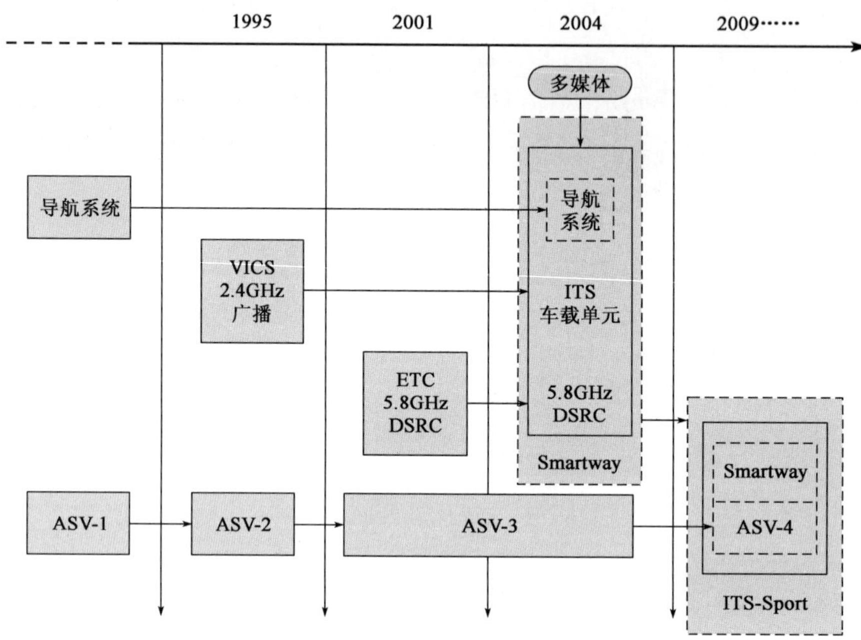

图 2-10　日本智能交通发展历程和典型应用系统

日本智能交通的发展主要分为以下几个典型应用:

1) VICS、ETC 系统等(20 世纪 90 年代—2003 年)

这一阶段注重进行智能交通基础设施和综合应用建设,依次研发和推广功能性、实用性较强的项目。在 1995 年,日本开始开发 VICS,它主要是通过 GPS 导航设备、无线信息传输设备、无线电广播设备等,将交通路况信息实时传递给出行的车辆驾驶员,从而提高车辆的通行效率。

2) 先进安全车辆项目(1991—2009 年)

日本的先进安全车辆(Advanced Safety Vehicle,ASV)项目于 1991 年启动,历时 20 年,分为四期:ASV-1(1991—1995 年),ASV-2(1996—2000 年),ASV-3(2001—2005 年),ASV-4(2006—2009 年)。ASV-1 和 ASV-2 的重点在基于车路通信的交通安全和效率应用。ASV-3 和 ASV-4 的重点在基于车车间通信的驾驶员信息和警告系统。

3) 智能道路(Smartway)(2004—2009 年)

2004 年,日本启动了智能道路(Smartway)项目,2007 年开始有限推广,2010 年初步全国性推广。Smartway 是一个协同车路系统项目，主要是将 VICS、ETC、DSRC 及其他的通信技术，与道路的基础设施进行整合，通过安装传感器、光纤和 ETC 等有效实现各种服务。

4）ITS Spot 项目（2009 年至今）

2009 年，日本国会决定由政府投资 250 亿日元建设沿高速公路的 ITS 信息交互设施，提出下一代 ITS 发展目标 ITS Spot（智能交通信息点）概念，即再次整合 Smartway 与 ASV，通过高速度、大容量的路车通信系统，将所有的 ITS 服务集成在一套系统内。2011 年日本政府在全国主要的高速公路上部署 1600 个 ITS Spot，在主要的高速公路休息区部署 50 个 ITS Spot，并且开始提供综合服务。

ITS Spot 提高了如下基本服务：

（1）动态路径导航

无论是在城市间还是城市内出行，提供整个出行区域内的交通情况，用户从 ITS Spot 获得出行区域内所有路段的出行时间，车载导航系统只能选择最优路径，从而使整个路网能够被有效利用。

（2）支持安全驾驶

如在障碍物前方约 1km 给出提示；在转弯处、事故多发地，提醒前方道路拥堵或发生事故；提醒驾驶员出现雨雪、大雾等其他天气及隧道内的拥堵情况。

（3）ETC

ETC 探测数据（probe data）的采集要注意隐私保护。在数据传送阶段，不识别驾驶员和车辆，不传送发动机停运地点周围的探测数据，驾驶员可以选择不传输探测数据；在数据试用阶段，数据的使用目的是受限的，可以用于改善道路管理、制造商产品开发、研究，车载单元（On board Unit，OBU）的使用手册描述和日本国土交通省网站等。

（4）其他应用

①支持物流配送服务：ITS Spot 采集的每辆物流车辆的探测数据免收通信费，实时传输到物流中心。配送中心运用探测数据调控车辆运行和货物的配送。

②支持非现金交易：2012 年 5 月 5 日至 16 日在麦当劳用测试车演示。通过车载导航仪下订单，并使用信用卡支付，最后取货。

③自动驾驶：利用 ITS Spot 发送信号，确定最佳速度和车头间距。使配有自适应巡航控制（Adaptive Cruise Control，ACC）的车辆基于探测信息自动驾驶。

2.2 智慧高速公路发展启示

通过对国际智慧公路发展情况的详细分析,形成智慧高速公路的发展启示如下:

1)以需求和多领域融合为驱动的发展路径

美国、欧洲、日本等发达国家(地区)由于受到经济、技术、基础设施建设发展形态以及社会文化的影响,ITS 发展过程以及 C-ITS 发展的技术重点、实施路径以及产业形态不尽相同。总结美国、欧洲、日本等发达国家(地区)智能交通典型应用系统实施历程,得到以下几点经验借鉴。

(1)以交通参与者需求为牵引

美国、欧洲、日本等发达国家(地区)实施的典型应用系统,均是面向交通出行的众多基本需求。一方面,除了传统的交通参与者外,拓展了自动驾驶车辆和电动车辆;另一方面,交通参与者对于服务功能、效率指标也有了新的需求。为满足交通参与者需求,创新产生了网联汽车、DRIVE C2X、ITS Spot 等典型应用系统。

(2)以多领域融合为主导模式

美国、欧洲、日本等发达国家(地区)实施的典型应用系统建设和发展过程展现的是一条由政策、技术和资本成功结合的路径,采用的是政府和产业界充分合作的模式,即在统一的政策和标准下政府投资路侧设施、企业投资车载装备开发和生产,并创造了有效的服务模式和利润回报模式。

2)以信息技术为驱动的发展趋势

通过对国际智慧公路发展经验的分析和总结,电动化、智能化的新型运载工具,信息化和功能专业化的基础设施,开放、共享、协同的管理与服务将是智慧高速公路三大发展趋势。

(1)电动化、智能化的新型运载工具

具备互联功能的智能汽车、电动汽车和自动驾驶汽车进入市场,高速公路将存在自动驾驶汽车与人工驾驶汽车混合运行车流状态,完全由自动驾驶车辆组成的受控车队将在道路上运行。新一代智慧高速公路必须能够适应和支撑电动化、智能化的新型运载工具,与之配套的网络化和智能化基础设施将成为高速公路建设的重要内容。

(2)信息化和功能专业化的基础设施

一是在传统土建工程基础设施上进一步有效融合无线通信和传感系统,形成新一代道路信息基础设施环境。二是在道路设施的交通承载功能和形式上进行创新，如客货分设车道、在具备条件的地方设置自动驾驶汽车专用车道等，创新道路基础设施结构和形式。

(3)开放、共享、协同的管理与服务系统

该系统支持各种个性化和定制化的交通信息服务，应变能力和可靠性高；支持具备车载控制功能的车辆实现控制环境下的自主运行，支持具备信息诱导的人工驾驶车辆高效运行，支持智能车辆在队列控制和自由行驶功能间自如切换，以及分时租赁和共享汽车的商业化运行。

秉承着满足新型运载工具上路运行需求、创新高速公路运输服务模式的建设理念，智慧高速公路的建设也将向着"四化"的方向发展：一是道路基础设施的智能化（数字化）低碳化；二是要支持运载工具的智能化；三是运输服务模式的创新化；四是管理决策服务的精准化。

CHAPTER THREE 第3章

智慧高速公路用户需求及服务场景

智慧高速公路建设的主要目的是满足道路用户对于安全和效率的需求，为用户提供高质量的出行体验。本章节从探讨分析智慧高速公路的用户需求出发，针对用户需求进行应用场景设计，从而明确智慧高速公路为用户提供的创新服务。

3.1 智慧高速公路的用户分类和需求分析

通过对智慧高速公路用户的需求分析，从用户需求的角度对智慧高速公路能提供的服务内容进行描述，分析并构建智慧高速公路提供的服务功能及应用场景，提取出新技术条件下智慧高速公路为用户带来的创新性服务，并对创新服务的功能及能力进行分析。

3.1.1 智慧高速公路的用户分类

智慧高速公路边界表示智慧高速公路与相关终端的相互作用关系，智慧高速公路边界如图 3-1 所示。图中圆圈代表智慧高速公路系统，矩形代表与智慧高速公路系统相联系的终端，包括用户、设施、相关方等。

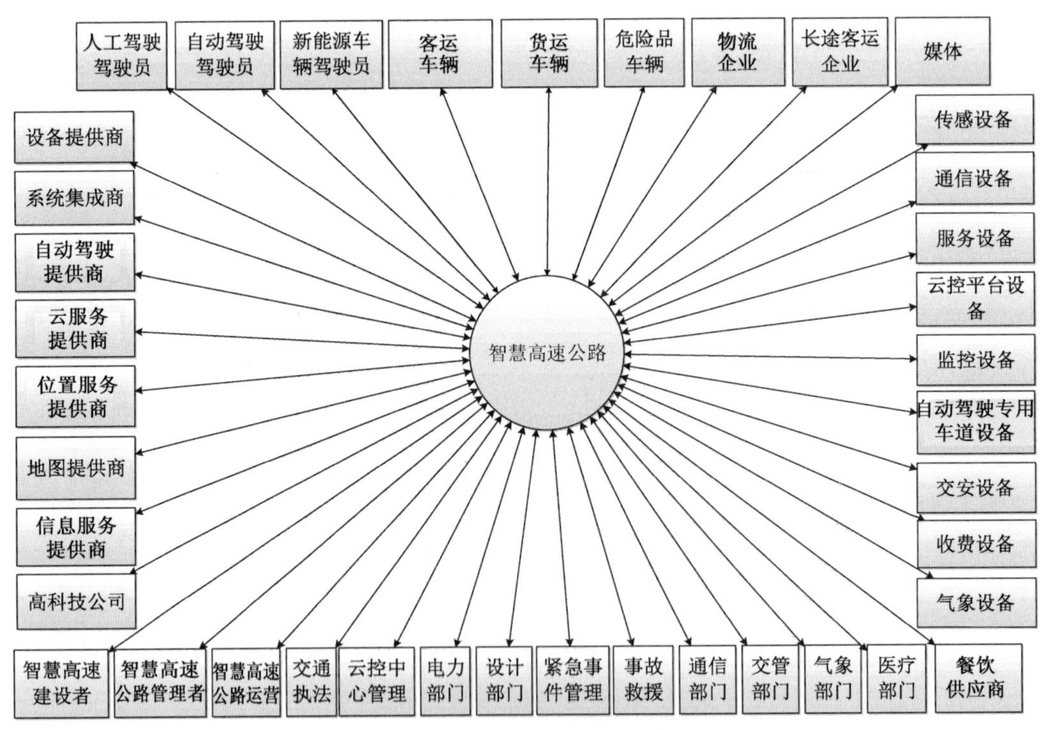

图 3-1 智慧高速公路边界示意图

从服务关系角度看，公路用户可分为出行者和管理者。出行者是指使用公路通行的用户，出行者按照对车辆进行操作控制对象的不同可分为人工驾驶车辆用户及自动驾驶车辆用户（网联车辆用户）；管理者按照管理侧重点不同可分为高速公路运营企业及云控平台运营企业。

（1）人工驾驶车辆用户：乘坐由人操控的车辆出行的用户，包括：私家车驾驶员、客运车辆驾驶员、货运车辆驾驶员、乘客等。

（2）自动驾驶车辆用户：乘坐自动驾驶车辆出行的用户。自动驾驶车辆的自动化程度是分级的，这里自动驾驶车辆是指 L3 等级及以上的车辆。自动驾驶车辆具有车车、车路通信功能，车辆在行驶过程中可以通过车路协同技术获取道路交通的信息和安全预警服务，辅助自动驾驶系统调整驾驶行为或者通过车辆控制器局域网络（Controller Area Network，CAN）总线直接控制车辆进行安全和可靠的驾驶。

（3）高速公路运营企业：负责高速公路的收费管理、养护管理、路政管理、服务区管理、机电管理等。

（4）云控平台运营企业：负责云控平台的运营管理、网络管理、存储管理、网络运维等。

基于智慧高速公路边界分析，智慧高速公路的需求分析包含出行者需求分析、管理者需求分析以及相关服务商、提供商的需求分析。出行者和管理者需求，作为典型需求，其分析在 3.1.2 和 3.1.3 小节中详细介绍。

3.1.2　出行者需求分析

1）人工驾驶车辆用户需求

人工驾驶车辆用户需求主要表现在实时精准交通信息服务、精准个性化信息服务、全天候出行、便捷收费等方面，当然这些需求不但是人工驾驶车辆用户的需求，同时也是自动驾驶和新能源车辆驾驶用户的需求。

（1）实时精准交通信息服务需求

人工驾驶车辆用户通过不同方式获取交通信息，如通过移动互联网、VMS、广播等方式，实时获取道路交通运行信息、事件信息、气象信息等，高速公路的管理者为人工驾驶车辆用户出行提供实时精准的动态交通信息服务。

（2）精准个性化信息服务需求

随着公众信息服务需求的快速提升，除了传统方式的信息服务以外，还需要提供更加个性化的服务能力，如沿途停车、餐饮、加油、住宿、充电桩预订服务，道路监控实时动态信息服务等。

（3）新能源汽车能源补给服务需求

随着新能源汽车的普及应用，长途出行成为新能源汽车的新需求，长途出行过程中的静态或动态充电服务成为电动汽车用户的迫切需求,汽车能源补给服务一方面可以鼓励新能源汽车的使用,提高新能源车辆的使用效率和频率,另一方面有利于高速公路使用效率的提升。

(4)全天候出行需求

高速公路出行用户希望能在不同气象条件下有选择地使用高速公路通行服务,高速公路管理者在保证安全的前提下可为出行者提供在不同气象条件下的公路使用策略服务,如出行时间建议、路径建议、出入口建议、行驶速度建议等,以便出行者合理地使用高速公路通行服务。

(5)便捷收费需求

相比于人工收费和ETC收费,人工驾驶车辆用户需要更加便捷的收费方式,能够以自由流状态完成缴费过程。高速公路可提供更加便捷的高速公路收费方式,满足不同用户收费服务的需求,同时可提高高速公路整体运行效率。

2)自动驾驶车辆需求

自动驾驶车辆集安全、便捷、车载信息娱乐系统于一身,将车辆与信息技术相结合,自动驾驶车辆运行需要低时延、高可靠、大容量的车/车、车/路无线通信、精确到车道级的定位服务、精准到车道级的信息服务以及电动车充电服务等。此外,自动驾驶车辆在交通出现风险时通过车路协同方式接收安全预警信息,或者从云控平台通过车路协同方式直接对自动驾驶车辆进行控制,避免安全事故的发生。

3.1.3 管理者需求分析

智慧高速公路管理者包括高速公路运营单位和各级高速公路监督管理单位。具体管理者的任务侧重点和任务内容有所不同,需求主要分为两个方面:一是经济效益方面,包括节能、高效等需求;二是社会效益方面,包括环保、安全等需求。从综合角度看,主要体现在管理者对智能化的需求,以及对新理念、新材料、新工艺的需求。

(1)管理者分类与需求侧重点

管理者包括:高速公路运营企业、云控平台运营企业以及各级高速公路监督管理部门。不同的管理层级对监管有着不同的需求:①高速公路运营单位需求侧重于高速公路的日常运行、养护管理及收费管理等经济效益需求;②云控平台运营企业需求侧重于平台的可持续性运营管理以及应急指挥调度、对外信息发布等需求;③各级高速公路监督管理部门侧重关注“智能、快速、绿色、安全”的区域路网的综合效益提升。

(2)智能化应用需求

高速公路管理者对智能化的需求具体表现为高速公路管理者对高速公路管理信息系统的功能需求。功能需求分为日常运行监管、养护管理、应急管理、收费管理和公共服务管理等几个大类。

(3)对新理念、新材料和新工艺的需求

利用新理念、新材料、新工艺等提高高速公路通行效率和交通安全水平,具体表现在通行效率与安全同步提升的需求、新能源生产与供给的需求、支持新型运载设备的需求。需求包括通行速度与安全性的同步提升、新能源生产与供给、支持新型运载工具、对自动驾驶等新技术的支持、对新能源(电动)车的支持等。

3.2　智慧高速公路的应用场景及服务

在对用户分类和服务需求分析的基础上,结合新技术的发展,本节提出智慧高速公路的应用场景。应用服务场景包括:伴随式信息服务、全天候通行服务、车道级管控服务、支持自动驾驶编队服务、边坡/桥隧/道路安全风险检测预警服务和数据共享服务等满足用户需求的内容。每个应用场景分为应用场景描述和实现功能分析两个组成部分。

3.2.1　智慧高速公路的服务概述

为高速公路用户提供高质量出行服务是智慧高速公路建设的主要目标之一,在对用户需求分析的基础上,本节以蜀道集团打造的智慧高速公路服务为例,通过具体的服务描述和服务实现目标,对智慧高速公路为用户提供的服务内容进行简要的说明。智慧高速公路的服务主要包括:伴随式信息服务、全天候通行服务、车道级管控服务、支持自动驾驶编队服务、边坡/桥隧/道路安全风险检测预警服务和数据共享服务,智慧高速公路服务如表3-1所示。具体的智慧高速公路服务内容在后续章节中介绍。

智慧高速公路服务列表　　表3-1

序号	服务名称	服务描述	实现目标
1	伴随式出行服务	部署毫米波雷达、路侧单元(Road Side Unit,RSU)以及新一代ETC设备等硬件产品,提供厘米级车道定位、毫秒级高精导航。高精度动态地图引擎,提供各类数据信息共享服务与车道级动态管控	提供高效精准的路径诱导、个性化微观车辆信息,以及高精准宏观交通流状态信息服务
		人工驾驶车辆可以通过车载终端、路侧诱导设施、手机App等渠道获取路侧交通状态信息;自动驾驶车辆可以根据路侧信息控制车辆运行	

续上表

序号	服务名称	服务描述	实现目标
1	伴随式出行服务	将道路标识标牌、合流区、弯道、服务区收费站等静态设施信息,和交通运行状态信息、交通突发事件信息、气象信息等动态信息进行整合,为驾乘人员提供全程、完整的信息服务	提供高效精准的路径诱导、个性化微观车辆信息,以及高精准宏观交通流状态信息服务
2	全天候通行服务	日间出行,智能疏导科学规划,感受最舒适的高速畅感	在充分的安全保障条件下,实现高速公路全线的全天候安全通行
		夜间出行,不惧黑夜判识障碍,感受最安全的高速驾感	
		雾天及恶劣天气出行,车道级实时渲染周边车辆与超视距交通事件,毫秒级预警与响应闭环,感受最贴心的高速体感	
		常规性养护,智能巡检、日常保养为全天候通行保驾护航	
3	车道级管控服务	车道级交通预警、车道级导航服务	实现基于高精度定位的车道级精准管控,使管控能力更加精细化
		车道级车速引导服务	
		车道级信号控制	
		路线调度和管控效果评价服务	
4	支持自动驾驶编队服务	自动驾驶专用车道服务	实现车路协同管控,提高自动驾驶的感知和决策能力,提高车辆行驶的安全性和通行效率
		全车道自动驾驶服务	
		货车编队自动驾驶服务	
		商用车编队自动驾驶服务	
5	边坡/桥隧/道路安全风险检测预警服务	实现毫米级边坡、桥隧、道路形变数据检测	为未来高速公路基础设施智能化管控、智能化养护和基础设施全生命周期监管服务提供基础
		秒级数据动态更新,阈值自动报警,联动部门协同处理,防患于未然	
		为每一处路面、隧道、桥梁、边坡进行全生命周期数字化档案管理与数据资产全要素服务	
		养护数据全面在档,大数据智能养护评价,全面提升养护水平	
6	数据共享服务	为"一路多方"、车端、手机用户端提供实时、准确的高速公路运行数据	满足车路协同式主动管控、精准服务需求,实现交通数据价值
		获取各级高速公路管理部门、互联网、其他路段、交警、执法等其他系统的数据	
		提供数据共享服务	

3.2.2 伴随式信息服务

3.2.2.1 应用场景的描述

伴随式信息服务是基于车辆位置的全程交通信息服务，通过具备定位功能的设备获取用户当前所在位置，按照用户个性化信息需求，主动通过无线通信、手持或车载终端、路侧设备等进行数据交互，提供信息和基础服务。伴随式信息服务系统应满足出行者大众化、普适性的服务需求，充分体现信息发布的公共性服务特点，为公众提供“出行前”“出行中”及“出行后”等不同阶段的信息服务，形成如图3-2所示的伴随式信息服务场景图。“出行前”为公众提供行程规划、路况查询等服务；“出行中”为公众提供道路静态交通信息和道路动态交通信息，道路静态交通信息包括长下坡预警、弯道车速预警、事故多发区预警、合流区预警、停车诱导、加油/充电诱导等信息，道路动态信息包括异常天气预警、交通事故预警、道路施工预警、前方拥堵预警、动态限速预警等信息；“出行后”为公众提供驾驶行为评估、出行服务反馈等服务。

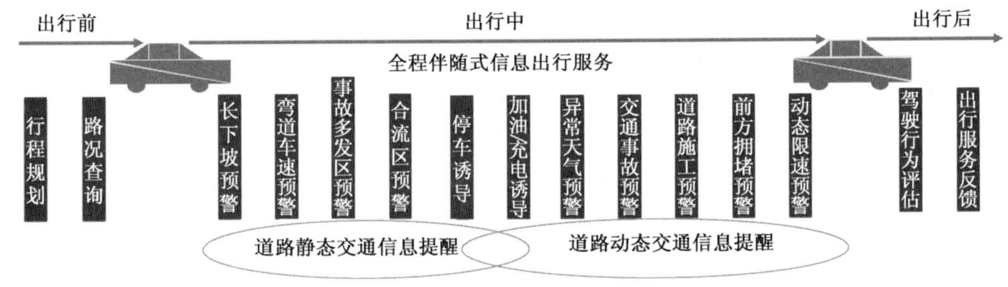

图3-2 伴随式信息服务场景图

提升智慧高速公路伴随式信息服务用户体验，重点从两个方面进行建设。

1）多种交通信息公众触达渠道

人工驾驶车辆可以通过车载终端、路侧诱导设施、手机App等渠道获取路侧交通状态信息，同时自动驾驶车辆可以根据路侧信息控制车辆运行，进而提升公众安全、道路运行效率、用户体验。

车载终端：通过C-V2X通信，为途经的车辆提供路侧交通感知信息、周边车辆运行信息，结合车载地图的道路信息，为驾乘人员提供预警预报，并能实现可视化的人机交互。

路侧诱导设施：包含了交通诱导屏、车道指示器、电子限速牌、雾区诱导灯等设备，给驾乘人员提供实时、精准的道路交通管控和诱导信息，通过视觉、听觉强化驾乘人员注意力。

导航端App：公众出行大规模使用导航软件，将路侧感知数据发布到导航App上，为用户提供精细化信息服务。以蓉城二绕车路协同试验段为例,通过与高德平台对接,公众通过高德 App 可获得精细化出行信息服务,让试验段的受众面更广。

2)全面的交通信息类型服务

将道路标识标牌、合流区、弯道、服务区收费站等静态设施信息,和交通运行状态信息、交通突发事件信息、气象信息等动态信息进行整合,为驾乘人员提供全程、完整的信息服务,包括表 3-2 及下列内容:

(1)安全辅助驾驶信息:主要是基于车路协同的车端侧的提醒,包括路侧安全信息、车辆安全状态、车辆危险预警等。

(2)收费站发布信息:包括车道数量、车道开/关状态、收费站拥堵情况。

(3)服务区发布信息:包括服务区星级等级、服务区拥堵程度、加油站排队长度、加油站油品/油价、充电桩空闲度、服务区高精度地图(如有)、服务区背景图片等内容。

3.2.2.2 实现功能分析

伴随式信息服务提供的信息内容应由云控平台统一规划,统一数据交互方式,由路侧外场设备、第三方出行服务平台及车路协同 RSU 设备等进行发布。伴随式信息服务提供的信息内容、时效性要求见表 3-2。

伴随式信息服务信息要求 表 3-2

信息类型	信息内容	时效性
公路基础设施信息	包括公路基础信息、特殊构造物信息等	不定期
服务设施状态信息	包括收费站、服务区、停车区设施状态信息等	≤10min
出行规划信息	包括行程时间信息、推荐路径信息等	≤10min
交通运行状态信息	包括交通流阻断和拥堵信息等	≤5min
交通突发事件信息	包括突发事件基本信息、突发事件处置信息等	≤1min
公路施工养护信息	包括道路施工基本信息、通行限制或封闭信息等	≤5min
公路气象环境信息	包括公路气象信息、预报信息、预警信息等	≤1h
应急救援信息	包括应急救援机构信息、应急救援服务信息等	≤1min

3.2.3 全天候通行服务

3.2.3.1 应用场景描述

全天候通行是指通过实时感知高速公路交通运行状态、车辆运行状态、交通气象状态以及道路特征,通过交通管控、安全辅助及通行引导等措施,并辅以专项作业车,保障车辆在雾、雨、雪等气象条件下的安全通行。根据《公路交通高影响天气预警等级》

(QX/T 414—2018)标准,公路交通天气预警为红色(Ⅰ级)时,需要采取封闭高速公路的措施。全天候通行主要目的是尽量确保在橙色或黄色预警期间,通过采取控制车速、全天候辅助驾驶、全天候监控、车路交互等各种措施,利用预约通行的方式,尽最大可能保障高速公路车辆通行。使高速公路在各类天气状况下,均能实现一定条件下的车辆通行。通过建立健全恶劣气象预警、路警联动处置、应急信息发布与诱导机制,提高应急管理科学化、精细化水平。确保在极端天气下尽可能通过限速控制、间断放行、分车型放行、主动诱导等措施引导车辆有序通过,将恶劣气象对道路交通的影响降到最低,尽量不封路,提高道路通行效率,减少道路交通安全事故,最终汇总至全天候通行服务场景图中,如图3-3所示。

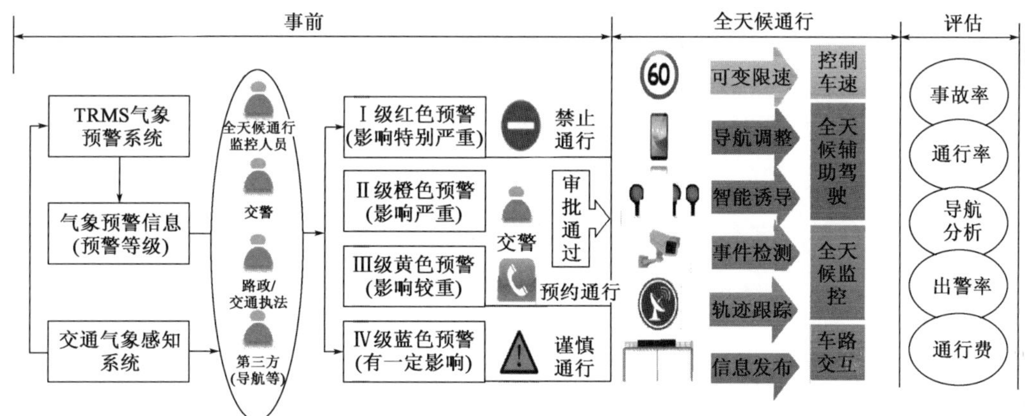

图3-3　全天候通行服务行场景图

3.2.3.2　实现功能分析

(1)交通气象环境信息获取与分析功能

交通气象环境信息获取设备包括气象六要素检测器、能见度检测器、AI视频能见度检测器、路面温湿度检测器等。针对易结冰、横风较大路段以及立交互通相接的位置、雾区等路段,设置有能见度检测器、AI视频能见度检测器、路面温湿度检测器、气象六要素检测器,用于局部路段气象条件检测,结合主线的信息发布设施,对道路使用者提前发布气象信息和交通控制诱导信息,避免发生交通事故,提高交通安全和道路通行能力。

(2)恶劣气象环境预警信息发布功能

当道路前方有恶劣气象环境时,驾驶员可通过可变信息标志、导航软件、车路协同路侧设备等方式接收到恶劣气象环境预警信息,同时接收到前方及行驶路段车辆限速调整结果,驾驶员将根据新发布的限速要求,降低车速行驶或进入服务区休息等,避免遭遇恶劣气象环境或交通拥堵,减少恶劣气象环境路段车辆驶入数量及速度,减少交通事故。

(3)恶劣气象环境下行车安全诱导功能

大雾等恶劣气象条件对高速公路交通安全的影响较大,路面安全隐患增加,容易发生交通事故,而且一旦发生事故,极易引发“二次事故”或“连环事故”,严重危害人民群众生命财产安全。在事故易发路段建设智能安全行车诱导系统,可提高雾天路段通行效率、降低事故发生率。

3.2.4 车道级管控服务

3.2.4.1 应用场景描述

以车辆行驶速度的一致性为目标,对车道按照行驶速度进行划分,避免道路中由于不同车辆间的速度差带来的对交通流平稳性的干扰和安全风险,基于高精度定位的车道级精准管控可以有效避免危险状态下后车连环追尾的事故,实现了高速公路监管与服务系统由原来的路线级管理服务演进为车道级管控服务。

针对高速公路存在安全驾驶风险路段、大流量路段、恶劣天气常发路段、交通事故常发路段等,结合高精度地图、高精度定位以及路侧雷达、视频融合监测等技术手段,通过对道路交通设施及其运行状况的监测,掌握高速公路各个车道交通流的状况,按照不同车道交通运行状况和特殊需求,生成分车道的交通管理及控制方案,通过信号系统、可变信息标志、车路协同设备等发布车道交通流管理、调节和诱导信息。车道级管控服务场景图如图3-4所示。

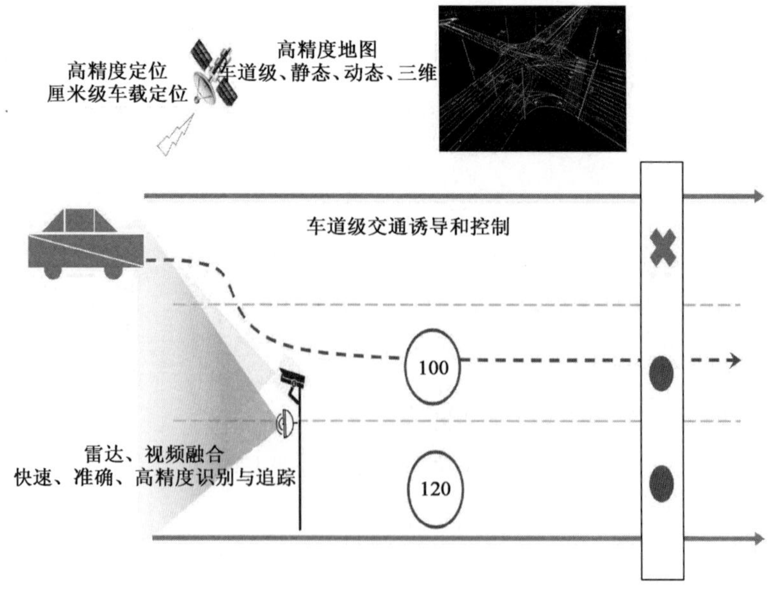

图3-4 车道级管控服务场景图

3.2.4.2 实现功能分析

(1)车道级交通预警功能

基于智慧高速公路车路协同路侧系统实现车道级交通感知,云控平台根据感知内容实现融合分析,提供车道级交通预警策略,并通过多路径向车端用户手机、车载终端、路侧可变信息标志发布车道级事件预警信息。例如:车道级交通突发事件、车辆碰撞、前方占道施工等预警信息。

(2)车道级车速引导功能

基于云控平台实现对高速公路气象条件、道路通行情况、施工影响等因素进行车道级感知和研判,并在车道级交通预警的基础上提供车道级动态限速建议,与交警协调联动后向车端用户手机、车载终端、路侧可变信息标志发布车道级动态限速信息。

(3)车道级信号控制功能

在道路事件、施工、极端恶劣天气情况下,车道无法提供安全的运行条件时,云控平台与交警协同联动实现车道的关闭策略。而在交通大流量、拥堵时,也可根据路况灵活开启硬路肩通道,尽快进行交通疏导。车道级信号控制的核心是让高速公路通行的决策更灵活,动态管理车辆通行,同样可以把车道级交通信号控制信息发布至车端用户手机、车载终端、可变信息标志等。

(4)车道级导航服务功能

基于车载定位终端的动态厘米级高精度定位数据,可以感知车辆所在车道,结合车路协同系统,可以给车辆提供车道级导航服务。例如:驶出高速公路提前变道导航服务、前方占道施工提前变道导航服务等。

(5)路线调度功能

遇到重大节假日或重大活动时,交警与交通运输管理部门根据交通调流与交通管制方案,对导航 App 端的路径制订策略进行调整,驾驶员进行相关路径规划时,导航 App 端将调流线路优先推荐给驾驶员,实现调流与管制方案的落地执行,减轻指挥调度的工作强度,保障交通流平衡运行。

(6)管控效果评价功能

采用可视化的方式对管控效果进行展示,通过量化的方式对行驶速度、拥堵情况、交通指数等进行前后对比,直观看到管控前后的效果对比。

3.2.5 支持自动驾驶编队服务

3.2.5.1 应用场景描述

支持自动驾驶编队服务是智慧高速公路中满足新一代载运工具需求的重要应用场

景之一,即智慧高速公路支持自动驾驶车辆编队行驶服务。该应用场景由自动驾驶车辆、车路协同路侧设施和边缘计算设施组成。支持自动驾驶编队服务能够大幅提高自动驾驶的感知和决策能力,提高车辆行驶的安全性和通行效率。

自动驾驶编队行驶车队中各个车辆装有高精度定位和车/车通信设备,车辆间通过车/车通信设备进行信息交互,将各自的位置、车速、加速度、车辆运行和控制状态发送给车队中的车辆,同时这些信息也通过车路通信发送到路侧设备,由路侧设备传送到边缘计算设施。每个车辆根据前车的信息,在一定的安全车距下,实时动态地调整自己的驾驶行为,如速度、加速度,形成一组车队行驶。车头所搭载的雷达可以探测前方障碍物,数据则会传给车辆的自动制动系统、车身稳定控制系统以及道路预警系统。当车辆遇见前方占道时,自动驾驶系统会在电子显示器上显示系统提示信号及声音报警,提示驾驶员手动更改车道。

3.2.5.2 实现功能分析

自动驾驶编队服务通过 C-V2X 将同向行驶的自动驾驶车辆进行连接,后面尾随的车辆可以接收到前面车辆加速、制动等信息,并在最短的时间内做出反应,可以尽可能地缩短车辆之间跟车的距离。支持自动驾驶编队服务场景如图 3-5 所示。

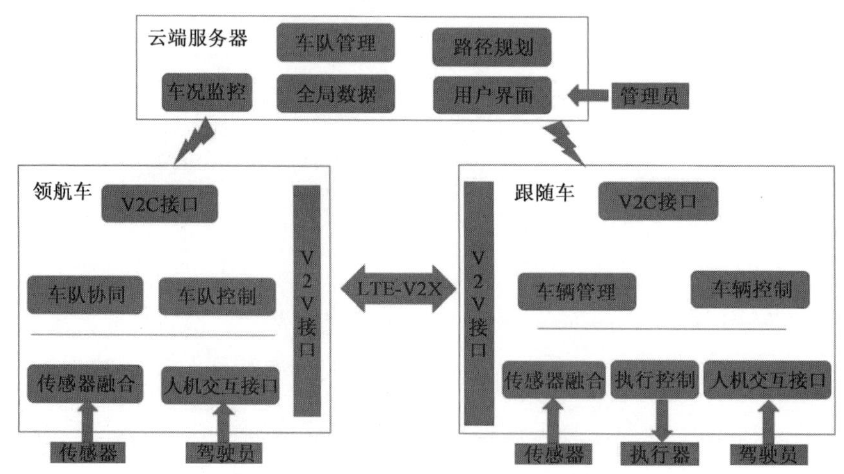

图 3-5 支持自动驾驶编队服务场景图

V2V-Vehicle to Vehicle,车对车

车队编组需要有领航车、跟随车、云端管理服务以及 V2X 网络,可考虑实现支持 3 辆及以上自动驾驶车辆的编队驾驶功能。

(1)匀速行驶及车道内巡航功能

在有清晰车道线的路况下,整个自动驾驶编队沿当前车道不变道的运行场景。车队匀速驾驶过程中,头车会把行驶相关的轨迹和动作发送给后车,根据车队控制管理模型来精确控制车队中每台车的运行情况。车队控制模型利用前导车速作为输入，跟随车根据前车加速度变化及车辆安全距离作为运算条件不断循环，调整前后车和加速度关系。需要在间距尽可能小的情况下，保证紧急情况的制动安全和巡航时的舒适性。变速行驶过程中，车队控制模型不仅需要考虑单车动力学模型，还需要考虑多车运动的协调一致性，在最优化舒适的基础上通过增加阻尼来调整加速度。

(2)异常事故紧急制动功能

当车队前方出现突发状况时，为防止出现安全事故，领航车驾驶员将采取紧急制动的操作，如图 3-6 所示场景，这个时候车队协同控制器会把制动的动作和踏板的力度等信息广播给所有跟随车辆，让队列行驶的跟随车能够安全实时地获取信息并自动制动，而不需要在后车发现前车减速后才做出制动响应，前后车的紧急制动响应时差仅仅在于网络传输时延(<10ms)，如此可以做到更好地同步，避免追尾事故。

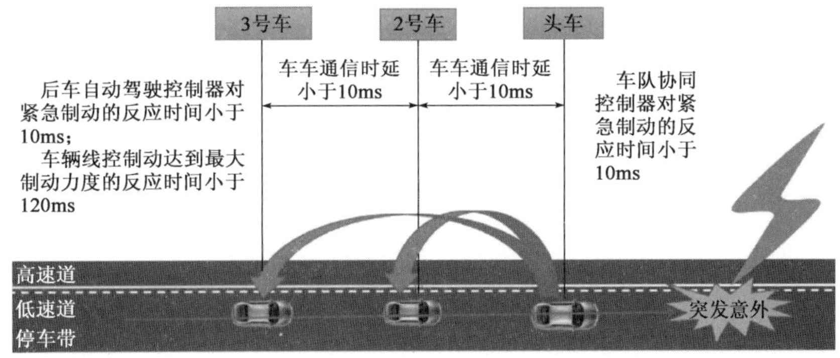

图 3-6 自动驾驶车辆紧急制动场景图

3.2.6 边坡/桥隧/道路安全风险检测预警服务

3.2.6.1 应用场景描述

边坡/隧道/道路安全风险检测设施建设可以为后期高速公路基础设施的运营和管理打下一个良好的基础，不仅保证了未来基础设施的运营质量，而且提供了完善的基础设施数据、技术和管理经验，这些将在后续基础设施运营管理中发挥非常重要的作用。边坡/隧道/道路安全风险检测预警数据，为未来高速公路基础设施智能化管控、智能化养护和基础设施全生命周期监管服务，为实现高速公路建、管、养一体化提供一个坚实的基础。通过边坡/隧道/道路基础设施监测系统和后期运营管理的对接，健全高速公路基础设施基础数据，为高速公路基础设施全生命周期智能化奠定基础。边坡/桥隧/道路安全风险检测预警服务场景如图 3-7 所示。

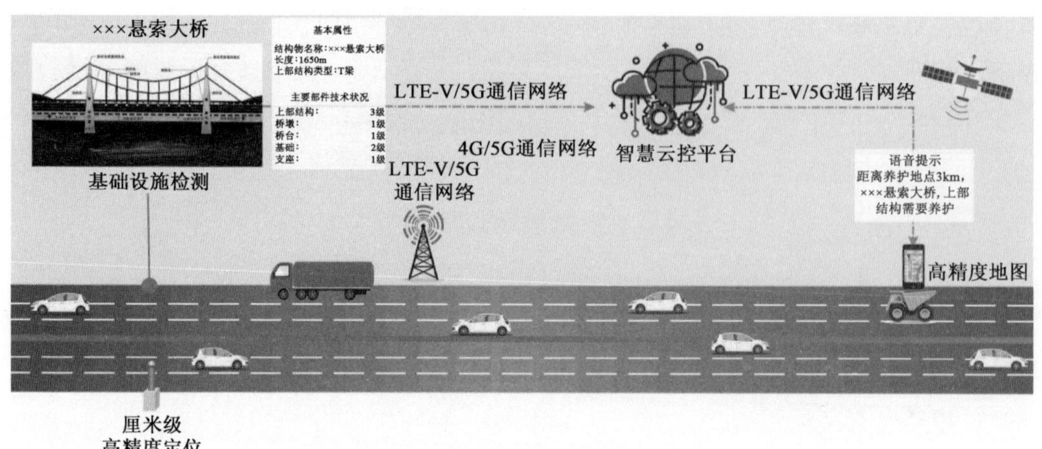

图 3-7 边坡/桥隧/道路安全风险检测预警服务场景示意图

3.2.6.2 实现功能分析

1)一般要求

宜采用边坡/隧道/道路基础设施智能监测传感、建筑信息模型(BIM)、智能分析的技术路线,动态监测、预警基础设施安全状态,覆盖设施基础信息、管理、检查、养护维修信息、养护成本分析及特殊情况等全生命周期信息,具备智能分析、预判的预防性养护功能,降低养护成本,延长基础设施使用寿命。

2)实施要点

(1)可布设桥梁、隧道、路基路面、边坡等基础设施状态采集设施;也可结合监控系统做图像比对,从而系统性地监测、分析设施的衰变情况,以便精准养护。

(2)可利用北斗系统,开展桥梁、隧道、路基路面、边坡等基础设施养护、安全健康监测等全寿命周期应用。

(3)可布设射频识别(RFID)标签,对桥梁、隧道、路基路面、边坡等基础设施各个组成部分进行身份识别、信息追踪。

(4)可利用 BIM、地理信息系统(GIS)等技术,建设桥梁、隧道、路基路面、边坡等基础设施数字化模型,对高速公路全生命周期进行监管。

(5)基础设施数字化模型应集成基础设施各个不同阶段的工程信息、过程和资源。

(6)“一路多方”应制定高速公路全寿命周期智能养护管理办法。

3.2.7 数据共享服务

3.2.7.1 应用场景描述

智慧高速公路建设将产生大量的路侧感知数据和车辆数据,如何发挥这些数据的价值，并结合行业和互联网应用，满足车路协同式主动管控、精准服务的智慧化运行需求，其核心就是提供数据共享服务。一方面为“一路多方”、车端、手机用户端提供实时、精准的高速公路运行数据，另一方面可以获取各级高速公路管理部门、互联网、其他路段、交警、执法等其他系统的共享数据。

3.2.7.2　实现功能分析

(1)与交警、执法、气象等系统关系

通过对气象系统、路侧设备及互联网数据的融合，实现云控平台与交警、执法部门、相关主管部门之间交通事件、事故、拥堵、天气以及路况等数据共享，为应急指挥中心提供实时、准确、完善的数据支撑和决策依据，打通联勤快响安全管理系统与各个相关部门的联动，形成如图3-8所示的数据共享关系。

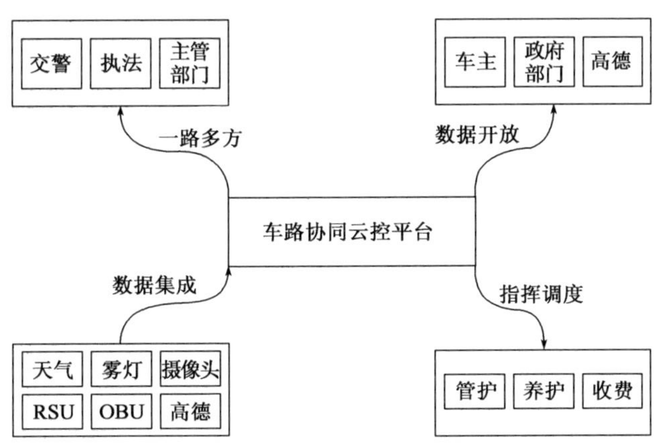

图3-8　数据共享关系图

(2)与互联网公司、互联网出行服务的关系

智慧高速公路无线通信网络除了提供车路间信息交互外，还提供互联网通道服务。与互联网公司特别是导航地图服务商合作，获取更加精细化、实时的路况信息，发布给终端用户。同时根据未来5G网络部署，支持云控平台与车端实现5G连接，满足车端和云端交互更多的运行数据，如车载高清视频数据、路侧沿线视频监控数据等。

CHAPTER FOUR

第4章

智慧高速公路应用关键技术

先进的技术是智慧高速公路应用场景和为用户提供服务的前提条件,上述章节所描述的场景和服务都是通过先进技术来实现的。本章重点从智慧高速公路涉及的关键技术的特点、应用、发展趋势及发展前景等几个方面进行介绍。关键技术包括在交通运输领域最具应用潜力的感知、通信、控制、定位、大数据、云计算等,以及正在变革人类社会的人工智能技术。

4.1 感知技术

4.1.1 技术概述

感知技术,一般包括传感器技术、射频识别技术、二维码技术、蓝牙技术等。由于感知技术在各行业应用广泛,本书重点聚焦交通感知技术。交通感知技术是通过布设在道路沿线的交通传感设施设备获取道路交通信息、基础设施信息和道路交通环境信息(如道路交通运行状况、交通事件、路基/路面/桥梁/隧道结构物状态、雨雪雾天气、周围的车辆、障碍物、行人等信息),然后通过通信设施将采集的信息发到交通运行控制中心,实现对道路交通、交通环境和基础设施运行状态的实时感知,从而有效支撑交通运输管理部门高效决策和提高公众出行效率的技术统称。

4.1.2 技术特点

交通感知技术能够实现交通运行状态信息的采集与感知,通过部署传感器实现对车辆、道路基础设施等运行状态信息的采集与感知、车车交互信息的采集与感知、车路交互信息的采集与感知、人车交互信息的采集与感知功能,并通过多种模式无线通信技术实现信息的互联,达到对公路网运行状态的全面、精确感知,为智能交通综合应用和交通指挥调度提供基础数据。

利用感知技术采集的信息种类包括各类物理量、标识、音频、视频数据等。道路运行状态与基础设施运行状态感知采用的设备主要包括传感器、GPS 定位、执行器、视频检测设备等。这些设备作为智能交通应用的最末梢节点设备,负责将采集的信息、感知的事件进行上报,同时可以接受网络控制来完成相关配置或执行特定的操作。

交通感知涉及的关键技术主要包括:各种传感器技术、自动识别技术、嵌入式系统、微机电技术、图像获取技术等。其中,在无线传感关键技术、车车信息采集与感知技术、车路信息采集与感知技术、车人信息采集与感知技术等方面产生增强技术要求。

4.1.3　交通领域应用

感知技术在交通领域的应用包括：交通事件检测、交通流检测、交通气象检测和基础设施状态监测等，主要应用如下。

（1）交通事件检测

高速公路沿线部署的摄像机分为固定摄像机和带云台的球形摄像机，固定摄像机一般应用于交通事件检测，带云台的球形摄像机应用于交通监控，产业界将两类摄像机结合为枪球一体机，在前端能够检测交通事件并进行自动智能验证，降低了交通事件的误报率。另外不少设备厂商推出雷达视频一体机，内置深度学习算法，融合视频和雷达数据，支持智能识别功能，视频在交通领域应用非常广泛，可视化、数据特征化是重点优势，劣势是检测距离有限和环境适应性差；雷达的优势是可以实现大区域检测和数据精度比较高，劣势是不直观、没有特征化的数据。互联网和设备厂商通过把视频和雷达两种设备进行融合，提高路侧感知能力。以某厂商雷达视频一体机为例，该产品支持双向4车道多目标轨迹跟踪检测及目标可视化，识别距离范围可至纵向200m，识别目标速度范围1～200km/h，采样频率间隔100ms，系统平均无故障连续运行时间（MTBF）≥50000h。

（2）交通流检测

传统高速公路交通流检测设备以微波车检器为主、视频车检器为辅。目前也有相关的标准对交通流检测设备的功能、性能、设置方法、上位机的通信规程、交通状况描述等内容进行了规定，如《交通信息采集微波交通流检测器》（GB/T 20609—2006）、《交通信息采集视频车辆检测器》（GB/T 24726—2009）、《道路交通管理数据字典交通检测器》（GB/T 29095—2012）、《微波交通流检测器的设置》（GB/T 26771—2011）。

（3）交通气象检测

进行交通气象检测的气象传感器主要有遥感道面状态传感器、遥感道面温度传感器、天气气象与能见度传感器、气象变送器、移动路况检测仪、全要素气象站等设备。检测的要素包括路面湿滑系数、覆盖物厚度、路面温度、雪/霜、冰、积水以及能见度等。交通气象检测设备安装位置处检测精度较高，需做好安装点位的选取工作。例如：全要素气象站一般按域布设，每域布设一处全要素气象站即可（域是指山区、平原、城区等）。检测道面状态时一般需要安装路面温度检测设备，采集高速公路热力数值，利用软件建模生成热力图。利用全要素气象站数据，结合热力图，可以推测高速公路的路面结冰状态信息。

（4）基础设施状态监测

基础设施状态监测主要关注的控制点位包括：大桥及特大桥、长大隧道、高危边坡以及可能发生失稳破坏影响行车安全的点位。根据基础设施分类组成、监测所需技术和设备不同,基础设施监测对象包括路面、路基/边坡、桥梁、隧道监测四个方面。路面实时状态监测包括对路面应变、裂缝、温度、荷载的监测等。光纤传感器具有灵敏度高、抗电磁干扰、结构简单、体积小和稳定性好等优点,在路面状态监测方面应用较为普遍。路基/边坡运行状态通过布设在关键部件上的各类监测传感器获取边坡变形、结构应力/应变等信息,实现对其异常状态的监测。桥梁、隧道运行状态通过布设在关键位置上的各类监测传感器获取桥梁、隧道结构的变形、应力、应变等信息,实现对其异常状态的监测。

4.2 通信技术

4.2.1 技术概述

通信技术主要关注于通信过程中的信息传输和信号处理的原理和应用。以电磁波、声波或光波的形式把信息通过电脉冲从发送端(信源)传输到一个或多个接收端(信宿)。接收端能否正确辨认信息,取决于传输中的损耗功率高低。通信技术在交通领域应用广泛,是智能交通系统建设的技术基础。

智慧高速公路建设中管理决策服务的精准化是建立在对路网静态数据和动态数据的精准感知和实时处理之上。当智能车辆与周围车辆、智能路侧设备之间的实时信息交换和资源共享成为现实时,智慧高速公路必然存在海量的数据处理需求,需要一种低时延、高吞吐量、高可靠性的通信技术来支撑大量的数据传输。

V2X(Vehicle to Everything)通信技术能够为智慧高速公路的精准化管理决策提供技术支持,其实现的难点是通信标准的选择,目前存在两条主流技术路线,分别是专用短程通信技术(Dedicated Short Range Communications, DSRC)和蜂窝车联网技术(Cellular-Vehicle to Everything, C-V2X),其主要发展历程如图 4-1 所示。

(1) DSRC

DSRC 通信技术在物理层上采用 IEEE802.11p 标准协议,在网络层采用 IEEE1069 标准协议,在内容和结构上遵循 SAEJ7235 和 SAEJ2945 标准协议。DSRC 主要由车载单元(OBU)、路侧单元(RSU)、通信协议组成,能够在小范围实现车辆和道路之间信息的双向传输,具有准确、高效、可靠的特点。其中 OBU 和 RSU 通过专用的通信链路进行双向信息传输,RSU 还可将接收到的 OBU 信息传输到智慧高速公路云控平台。

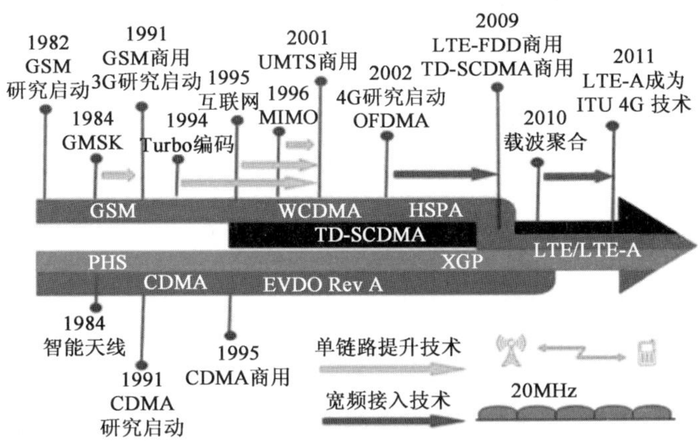

图 4-1 移动通信发展历程示意图

根据开放式系统互联(Open System Interconnect,OSI)协议模型,可以将 DSRC 协议分为物理层、数据链路层、应用层等。其中,物理层是由机械、电路、设备等物理单元构成,作用是将电平信号转换成实际物理通道中的信号,定义数据链路层的接口参数;数据链路层制定了媒介访问和数据链路的控制方法,包括上行链路和下行链路,分别负责车辆和道路之间信息通信的双向传输;应用层为 DSRC 提供了基础应用接口,实际操作中可以直接调用这些接口,包括通信初始化、数据传输和数据接收操作等。

DSRC 经过多年的研究和发展,得到一系列的验证和应用,但由于其技术原理的局限性,在我国并未得到大范围应用。其局限性主要表现为以下几点:第一,DSRC 只适合小范围的数据传输,在长距离的通信场景中受到传输功率的限制;第二,DSRC 所处频段使其绕射能力差,而智慧高速公路自动驾驶场景下存在众多静态和动态的障碍物,会严重影响数据传输;第三,DSRC 不能满足智慧高速公路自动驾驶场景中对通信范围、可靠性、低时延更高的要求;第四,DSRC 缺乏未来的技术演进路线。

(2)基于 LTE-V 的 C-V2X 通信技术

基于无线蜂窝网络的 C-V2X 技术,能够满足智慧高速公路多样化的应用场景和通信需求。与 DSRC 相比,C-V2X 基于移动通信系统,通信距离更长、范围更广,技术更加先进、性能更加优越、未来演进潜力巨大,具有明显的技术发展优势。

LTE-V(Long Term Evolution-V2X,长期演进-V2X)是基于 LTE 系统和第四代移动通信系统的 C-V2X 通信技术,由第三代合作项目(Third Generation Partnership Project,3GPP)主导制定,是专门为智能车辆通信设计的 V2X 标准,相较于其他标准,LTE-V 有两种工作模式,通过两种不同的通信接口实现。

第一种工作模式是车辆之间直接进行信息交互,无需基站作为通信控制中心,能够自主实现车辆之间的直接通信,此工作模式是通过短距离直接通信接口实现,使得车辆实时感知周围车辆的位置和快速识别周边障碍物成为可能。

第二种工作模式是信息集中式控制和协同调度,利用基站作为通信协同控制中心,终端车辆的信息发送至附近基站,由基站集中式调度信息,此工作模式由广域集中式蜂窝通信接口实现,能够满足系统与终端之间大量的信息交互的需求,实现区域数据的连续、高速、稳定传输。LTE-V 标准系统架构由三部分组成,分别是物理层、数据链路层、应用层。物理层是 LTE-V 的底层协议,主要承载激活通信通道、帧传输、信道关闭的业务,收发定时及同步功能;数据链路层提供信息稳定传输的通道,并进行数据量协调控制,为物理层和应用层提供可靠的数据连接通道;应用层基于接收到数据链路层的服务,为终端提供需要的数据服务,满足多样化的通信需求。

(3)5G 通信技术

5G 是面向 2020 年之后产业发展的第五代移动通信系统,其中 G(Generation)表示"代"。与 4G 相比,5G 具有更高的频谱利用率和更快的传输速率。5G 与其他通信技术相结合构成的新一代移动信息网络,将满足未来 10 年移动互联网流量快速增加的需求。

5G 的目标是增强移动设备的体验,进而重塑整个通信技术生态系统。与原有几代技术相比,5G 网络架构更加简单、高效。同时 5G 还支持超可靠、低延迟通信设备,使得"万物互联"成为可能。

(4)TSN 确定性网络技术

确定性网络指利用网络资源打造的大带宽、低时延、低抖动、有确定性能力的网络,能为不同行业需求提供确定性业务体验。主要针对工业、能源、车联网等对网络低时延、可靠性和稳定性要求极高的垂直行业,按照业务级别构建的一个有差异化服务的确定性网络。确定性网络相关新技术不断涌现,如时间敏感网络(Time-Sensitive Networking,TSN)、FlexE、5GuRLLC、SRv6、边缘计算、网络分片、算网融合等。在智慧高速公路应用场景,低延迟、高可靠的确定性网络是支撑雷视融合感知、车路协同、数字孪生的关键技术,对保障智慧高速公路的稳定性与可靠性起到了关键作用。

4.2.2 技术特点

通信技术是智慧高速公路建设的关键技术,DSRC、LTE-V 和 5G 有其各自的技术特点。DSRC 通信技术具有通信范围小、系统容量小、成本高、应用场景少、演进能力弱等特点。LTE-V 通信技术具有布设简单、高可靠、高容量、持续演进等特点。5G 通信技术具有高速率、低延迟、泛在网等特点。

1)DSRC 通信技术特点

(1)通信范围小

DSRC 在物理层采用正交频分复用技术,此技术受限于最大传输功率和传输范围,因此在长距离、大范围的应用场景中变现不佳。

(2)系统容量小

在智慧高速公路自动场景中,终端车辆用户增多时,DSRC 系统容量急剧下降,传输效率降低。

(3)成本高

DSRC 需要进行设备的全面部署,路边设施投入极大。

(4)应用场景少

DSRC 主要针对道路覆盖区域,在车辆驶出服务区域后难以提供车车之间的连续通信。

(5)演进能力弱

DSRC 通信技术随移动通信技术升级而演进的能力弱。

2)LTE-V 通信技术特点

(1)布设简单

LTE-V 通信技术共用蜂窝网络,不需要通信设备的全部重新部署,能够有效节省成本。

(2)高可靠性

LTE-V 采用广域集中式通信技术,集中分配调度资源,降低丢包率,传输更可靠。在基站密度较小的区域,能够通过短距离通信接口直接进行车车通信,弥补了数据断续的不足。

(3)高容量

LTE-V 可以实现更多设备的接入,连接设备密度大,传输的数据容量大。

(4)持续演进

3GPP 持续演进,LTE-V 能在移动通信系统不断升级的基础上不断演进,具备支持未来智慧高速公路自动驾驶多场景需求的潜力。

3)5G 通信技术特点

(1)高速率

理论上讲,5G 网络可以实现 10Gb/s 甚至 20Gb/s 的下行传输速度,远高于目前 4G

LTE 1Gb/s 的速率。英国萨里大学在 5G 通信测试中甚至创下了 1Tb/s 的超高速传输速度。

(2)低延迟

5G 可以实现 1 ~ 2ms 的通信延迟,远远低于 4G(平均 50ms)。低延迟不仅意味着数据上行下行会更快,更重要的是等待数据传输开始的响应时间也会大幅缩短。超低的延迟可以为无人驾驶、工业生产等实时性较强的行业应用提供核心保障。

(3)泛在网

5G 可以在低功耗的情况下实现更多设备的接入,连接设备密度是传统网络的 10 ~ 100 倍。5G 的泛在性使得原先停留在原型和概念阶段的智慧城市、环境监测、智能家居、可穿戴设备等得以走进现实。此外,5G 技术支持同一基站下两个用户的直连通信(Device-to-Device Communication,D2D),从而大大节约空中资源,也可以减轻基站压力。5G 的 10 个核心点如图 4-2 所示。

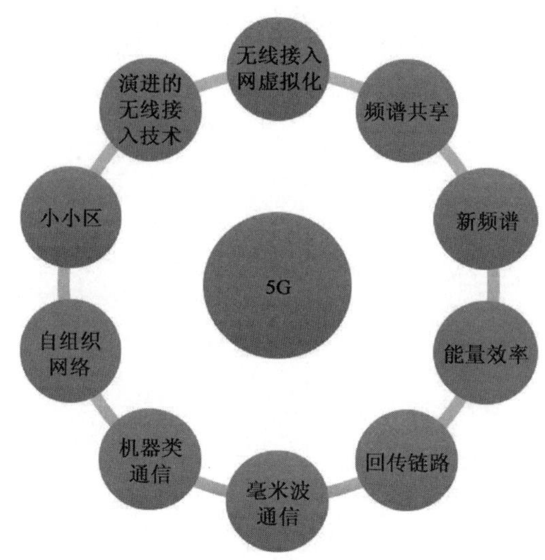

图 4-2　5G 的 10 个核心点

4.2.3　交通领域应用

机动车诞生一百多年以来,道路交通形态一直处于比较稳定的状态。虽然车辆技术日益升级、交通组织和管理水平不断提升,但总体上仍是以人工驾驶和经验决策为主。与此同时,航空、轨道、远洋等运输方式则呈现出较高的自动化水平,不少场景已经可以实现无人运行。究其原因,主要是因为道路交通中各参与者之间有效协同度不足,交通流的秩序性不强。

20世纪70年代，美国、欧洲、日本等发达国家和地区提出ITS概念，旨在通过集成先进的感知技术、信息技术、通信技术和控制技术，从而建立起在大范围内发挥作用的、安全高效的道路交通运输系统。ITS从诞生之日起，就建立在通信技术基础之上，在欧洲支撑ITS的技术群被定义为"交通运输远程信息处理系统"（Transport Telematics），可见通信在ITS中的关键性作用。早期，以基于IEEE 802.11p协议的DSRC和基于蜂窝网络的移动通信为代表，各类通信技术支撑了VII、IntelliDrive、ASV、AHS、Smartway、PReVENT、CVIS等项目研究，推动了ETC、VICS等系统部署，一定程度上实现了载运工具和管控中心之间的信息交互，提高了道路交通运输效率。泛在、互联的道路交通运输系统如图4-3所示。

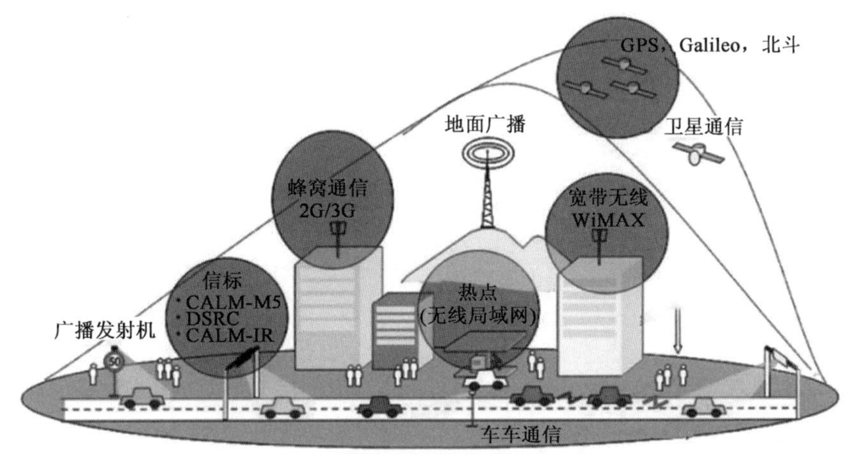

图4-3　泛在、互联的道路交通运输系统示意图

值得注意的是，以5G为代表的新一代通信技术日趋成熟，为ITS赋予了新的内涵和外延。在低时延、大容量、高可靠的通信技术助力下，交通参与者之间将形成泛在互联、实时在线的信息网络，实现传统DSRC和3G/4G难以支撑的智能化应用，塑造新型的人、车、路关系，构建载运工具自动化、基础设施智能化、运行管理协同化有机融合的新形态道路交通运输系统，带动交通流由原先的自由无序态转变为受控有序态，在提高驾驶安全的同时，大幅提升道路资源动态利用率。

新一代通信技术支撑下的新形态道路交通运输系统构想如图4-4所示。

事实上，近几年C-V2X无线通信技术的发展，支撑了车路协同式自动驾驶、车辆编队行驶、安全预警、车速诱导、无信号控制等应用系统的研发。截至2021年，全国范围内已有超过20个智能网联汽车测试示范区，C-V2X显示出广阔的技术前景。

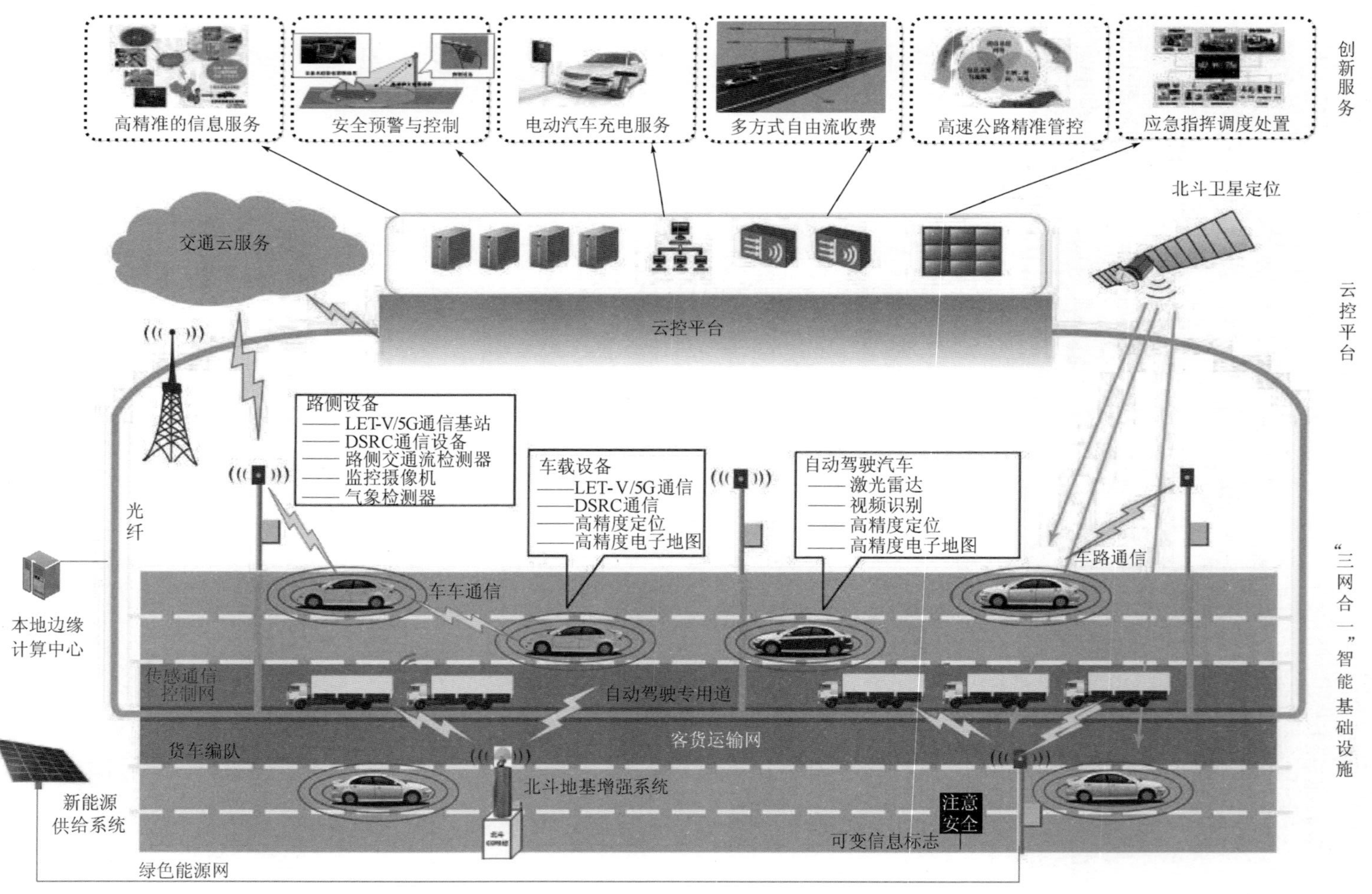

图4-4　新一代通信技术支撑下的新形态道路交通运输系统构想图

4.3 控制技术

4.3.1 技术概述

智慧高速公路系统，作为一种以“智慧化”为特征的新一代管理与控制系统，其智能决策与控制模块是极其重要的功能模块。先进的控制技术，是智能控制功能模块设计与构建的核心技术之一，主要面向被控对象（如人、车、路）和环境，通过动态地采集和运用信息施加控制作用而使模块、系统在变化或不确定的条件下保持预定的功能。

控制技术可应用在生活中的各个领域，如军事、医疗、市政建设、交通、制造等，与社会生产及科学技术的发展密切相关。随着电子计算机技术的迅猛发展，社会生产对控制的程度、精度、速度、范围及其适应能力的要求越来越高，控制技术的研究对象不再局限于单输入单输出的、线性的、定常的、连续的系统，而扩展为多输入多输出的、非线性的、时变的、离散的系统，进而形成了先进的控制技术策略，包括预测控制、统计过程控制、模糊控制、神经网络控制等。随着被控对象的复杂性、不确定性和大规模性增强，环境向复杂性、控制任务的多目标和时变性演变，控制技术逐渐应用于规模庞大、结构复杂、变量众多的信息与控制系统，涉及生产过程、交通运输、生物控制、计划管理、环境保护、空间技术等方面的控制与信息处理问题。

4.3.2 技术特点

高速公路管控和服务智能化水平的提升与控制技术密切相关。预测控制、统计过程控制、模糊控制、神经网络控制有其各自的技术特点。预测控制技术具有简便性、适用性特点。统计过程控制技术具有可测评性、效率性特点。模糊控制技术具有简化性、语言式、性能强特点。神经网络控制技术具有便利性、适用性、容错性特点。

1）预测控制

预测控制技术，又称为模型预测控制（Model Predictive Control，MPC），是20世纪70年代提出的一种计算机控制技术，最早应用于工业过程控制领域，具有良好的跟踪性能和较强的抗干扰能力，对模型误差具有较强的鲁棒性。本质上，预测控制是一种闭环控制算法，在通过优化确定了一系列未来的控制作用后，为了防止模型失配或环境干扰引起控制对理想状态的偏离，预测控制通常不是把这些控制作用逐一全部实施，而只是实现本时刻的控制作用；到下一采样时刻，则首先检测对象的实际输出，并利用这一实时信息对基于模型的预测进行修正,然后再进行新的优化。反馈校正的形式是多样的,可以在保持预测模型不变的基础上,对未来的误差做出预测并加以补偿,也可以根据在线辨识的原理直接修改预测模型。预测控制技术的主要优点如下:

(1)简便性

对于复杂的工业对象,由于辨识其最小化模型要花费很大的代价,往往给基于传递函数或状态方程的控制算法带来困难。而预测控制所需要的模型只强调其预测功能,不苛求其结构形式,从而为系统建模带来了方便。在许多场合下,只需测定对象的阶跃或脉冲响应,便可直接得到预测模型,而不必进一步导出其传递函数或状态方程,便于其应用于工程实践。

(2)适用性

预测控制汲取了优化控制的思想,利用滚动的有限时段优化取代一成不变的全局优化。虽然在理想情况下不能导致全局最优,但由于实际上不可避免地存在模型误差和环境干扰,这种建立在实际反馈信息基础上的反复优化,能不断顾及不确定性的影响并及时加以校正,反而要比只依靠模型的单次优化更能适应实际过程,有更强的鲁棒性。

2)统计过程控制

统计过程控制是一种借助数理统计方法的过程控制工具。通过对生产过程进行分析评价,根据反馈信息及时发现系统性因素出现的征兆,并采取措施消除其影响,使过程维持在仅受随机性因素影响的受控状态,以达到控制质量的目的。当过程仅受随机因素影响时,过程处于统计控制状态(简称受控状态);当过程中存在系统因素的影响时,过程处于统计失控状态(简称失控状态)。由于过程波动具有统计规律性,当过程受控时,过程特性一般服从稳定的随机分布;而失控时,过程分布将发生改变。统计过程控制正是利用过程波动的统计规律性对过程进行分析控制。本质上,统计过程控制属于一种预防性控制方法,其优点在于:

(1)测评性

统计过程控制,可对过程作出可靠的评估,确定过程的统计控制界限,判断过程是否失控和过程是否有能力,为过程提供一个早期报警系统,及时监控过程的情况。

(2)效率性

可减少对常规检验的依赖性,定时观察以及系统的测量方法替代了大量的检测和验证工作。

3)模糊控制

模糊控制,即模糊逻辑控制(Fuzzy Logic Control)的简称,是以模糊集合论、模糊语言变量和模糊逻辑推理为基础的一种计算机数字控制技术，本质上是一种非线性控制，从属于智能控制的范畴，主要包括模糊化、规则库、模糊推理、解模糊四个环节。其中控制规则是模糊控制器的核心，它的正确与否直接影响到控制器的性能，其数目的多少也是衡量控制器性能的一个重要因素。模糊控制规则的取得方式包括专家的经验和知识、操作员的操作模式、学习。模糊控制技术是广泛应用的一种控制技术，其特点在于：

（1）简化性

简化系统设计的复杂性，特别适用于非线性、时变、滞后、模型不完全系统的控制。不依赖于被控对象的精确数学模型，利用控制法则来描述系统变量间的关系。

（2）语言式

模糊控制器是一种语言控制器，便于操作人员使用自然语言进行人机对话。不用数值而用语言式的模糊变量来描述系统，模糊控制器不必对被控制对象建立完整的数学模式。

（3）性能强

模糊控制器是一种容易控制、掌握的较理想的非线性控制器，具有较佳的鲁棒性、适应性及容错性。

4）神经网络控制

基于神经网络的控制称为神经网络控制（Neural Network Control，NNC），简称神经控制（Network Control，NC），是实现智能控制的一种重要形式。在控制系统中，采用神经网络作为工具，对难以精确描述的复杂的非线性对象进行建模，或充当控制器，或优化计算，或进行推理，或故障诊断等，亦即同时兼有上述某些功能的适应组合，将这样的系统统称为神经网络的控制系统，将这种控制方式称为神经网络控制。按照神经网络在控制器中的作用不同一般分为两类：一类称神经网络控制，是以神经网络为基础而形成的独立智能控制系统；另一类称为混合神经网络控制，代表着利用神经网络学习和优化能力来改善传统控制的现代控制方法。

神经网络控制相较于经典的控制算法，其优势在于：该方法具有很强的逼近非线性函数的能力，即非线性映射能力，神经网络用于控制正是利用这个独特的优点。总结起来，神经网络优越性在于：

（1）便利性

神经网络具有很强的信息综合能力，其硬件实现愈趋方便。

（2）适用性

本质是非线性系统，可以处理那些难以用模型或规则描述的过程或系统。

(3)容错性

神经网络采用并行分布式信息处理方式,具有很强的容错性。

4.3.3 交通领域应用

控制技术在交通领域的应用亦称为交通控制,是一种对于交通运输的动态管理方式。交通控制对于组织、指挥和控制交通流的流向、流量、流速、维护交通秩序等均有重要的作用,从时间上将相互冲突的交通流予以分离,使其在不同时间通过,以保证行车安全,同时迫使或引导车流有序的通过,提高道路通行能力,并且减小噪声,降低汽车尾气对环境的污染。先进的控制技术在交通领域应用广泛,热点应用如下:

(1)应用于现代交通工具。现代交通工具采用通信网络的复杂控制,实现如无人机、自动驾驶的智能决策模块。现代交通工具的轨迹跟踪功能,即按照系统制定的规划路径完成工具的行驶操作,其中保持路径行驶、不出现偏航,主要是利用反馈控制的原理,动态调整载运工具的状态参数。

(2)应用于面向载运工具群的协调控制,如高速公路车辆调度、匝道限流控制等。以匝道限流控制为例,系统依据上、下游交通状态信息的反馈,动态确定匝道交通流的合理或最优的汇入、汇出比例,从而保证系统的运行效率。在匝道限流控制中,基于信息反馈机制确定最优控制方案,是一种反馈控制与最优控制理论相结合的方式。此外,为了提高控制的时效性,可能会引入预测控制,依据系统状态变化制定一系列面向未来的控制操作。

(3)应用于基于云控模式的系统,如云控平台等。此种控制技术是智慧高速公路系统建设的核心技术之一,基于先进感知设备的信息获取以及通信网络的传输,平台将其作为输入,利用云端计算服务,处理并输出各道路基础设施应采取的参数调整方案。参数调整后,将道路上交通状态的变化反馈回平台。平台依据反馈信息,决定是否调整控制方案以及确定调控程度。

4.4 定位技术

4.4.1 技术概述

定位技术,即卫星定位技术,是利用人造地球卫星进行点位测量的技术。卫星定位技术从最初的定位精度低、不能实时定位、难以提供及时的导航服务,发展到现如今的全球导航卫星系统(Global Navigation Satellite System,GNSS),可在任意时刻同时观测到4

颗卫星，实现导航、定位、授时等功能。

随着卫星定位技术的快速发展，人们对快速高精度位置信息的需求日益强烈，高精度定位技术成为新一代载运工具研发过程的核心技术之一。以自动驾驶为例，自动驾驶车辆从起始位置行驶至目标位置的过程中，需要依靠定位技术来实时获取车辆位置信息，高精度定位技术是实现L3级及以上自动驾驶的重要支撑技术之一，例如L3级别自动驾驶需要10～30cm的定位精度。在技术路线上自动驾驶应该是以GNSS＋IMU（Inertial Measurement Unit，惯性测量单元）的紧耦合技术为基础，结合环境特征匹配的综合方案。常见的定位技术主要有卫星定位技术、基站定位技术、混合定位技术、其他定位技术。

高精度定位技术不仅能支持高级别的自动驾驶，而且可支持基于位置的高精准信息服务、精准管控、设施设备管理等。

4.4.2 技术特点

1）卫星定位技术

截至2020年，世界上已建成的卫星导航定位系统有美国的全球定位系统（Global Positioning System，GPS），俄罗斯的格洛纳斯系统（GLONASS，俄语全球导航卫星系统的缩写），欧洲的伽利略系统（Galileo），中国的北斗系统（BeiDou Navigation Satellite System，BDS），日本的准天顶卫星导航系统（Quasi-Zenith Satellite System，QZSS），印度的区域型卫星导航系统（Indian Regional Navigation Satellite System，IRNSS）。

（1）全球定位系统

GPS是由美国国防部研制建立的一种具有全方位、全天候、全时段、高精度的卫星导航系统，能为全球用户提供低成本、高精度的三维位置、速度和精确定时等导航信息。GPS在民用方面可以提供车辆定位、防盗、反劫、行驶路线监控及呼叫指挥等功能。

（2）北斗卫星导航系统

BDS是由中国自行研制的全球卫星导航系统，由空间段、地面段和用户段三部分组成。其中空间段包括5颗静止轨道卫星和27颗中地球轨道卫星、3颗倾斜同步轨道卫星，地面段包括主控站、注入站和监测站等若干个地面站，用户段包括北斗用户终端以及与其他卫星导航系统兼容的终端。北斗系统可在全球范围内全天候、全天时为各类用户提供高精度、高可靠定位、导航、授时服务，并具短报文通信能力，已经初步具备区域导航、定位和授时能力，定位精度10m（亚太地区5m），测速精度0.2m/s，授时精度20ns。中国于2020年完成全部卫星发射组网，全面建成北斗全球卫星定位系统。

(3)伽利略卫星导航系统

Galileo 是由欧盟研制和建立的全球卫星导航定位系统,该计划于 1999 年 2 月由欧洲委员会公布。系统由轨道高度为 23616km 的 30 颗卫星组成,其中 27 颗工作星、3 颗备份星。卫星轨道高度约 2.4 万 km,位于 3 个倾角为 56°的轨道平面内。

(4)格洛纳斯卫星导航系统

GLONASS 系统最早开发于苏联时期,后由俄罗斯继续该计划。1993 年,俄罗斯开始独自建立本国的全球卫星导航系统,GLONASS 于 2007 年开始运营。当时只开放俄罗斯境内卫星定位及导航服务,到 2009 年,其服务范围已经拓展到全球,该系统主要服务内容包括确定陆地、海上及空中目标的坐标及运动速度信息等。

(5)准天顶卫星导航系统

QZSS 是由日本宇宙航空研究开发机构管理的区域卫星导航系统,是 GPS 的补充和增强系统,为日本区域提供通信和定位服务。QZSS 卫星与 GPS 卫星所广播的导航信号能够兼容互操作,以提高 GPS 的精确度和可用性;QZSS 卫星广播使用 GPS 差分修正数据,也可为移动用户提供地震、海啸灾害等广播服务。

(6)区域型卫星导航系统

IRNSS 是一个由印度空间研究组织(ISRO)发展的区域型卫星导航系统,印度政府对这个系统有完全的掌控权,主要目标是在印度及其周边地区 1500km 范围提供可靠的位置、导航和计时服务。下一阶段将从区域卫星定位系统向全球卫星定位系统迈进。印度区域导航卫星系统将提供两种服务,包括民用的标准定位服务,及供特定授权使用者(军用)的限制型服务。

在定位精度上,这些导航系统均有实现民用 10m 的能力。全球各大卫星定位系统各有优势,美国的 GPS 和俄罗斯的 GNSS 应用范围和领域非常广,也是商用普及率最高的两大定位系统,这与它们的提前布局、重视程度、巨额投入等密不可分。2020 年 6 月 23 日,中国的 BDS 完成了全球组网,但在应用普及的道路上仍有很大的上升空间。

2)卫星定位增强技术

随着卫星定位应用场景的不断拓展和深化,民众对导航定位性能的要求也在不断提高,高性能正逐渐从专业领域扩展到大众应用。因此,为提升卫星定位系统服务性能,差分 GPS(differential GPS,DGPS)、星基增强系统、北斗地基增强系统等卫星定位增强技术与系统应运而生。

影响卫星定位精度的因素包括星历误差、卫星时钟误差等与卫星有关的误差,电离层延迟、对流层延迟和多径效应等与信号传播有关的误差,以及接收机噪声和模型算法等与接收机有关的误差。高精度卫星定位技术依托卫星定位增强系统,采用差分定位方法对部分误差进行修正和消除,从而提高定位的精度水平。

差分定位技术主要基于地面参考站与流动站之间的空间相关性。卫星分布在距离地面约 2 万 km 的太空,而地面参考站距流动站之间的距离为几十公里到几百公里之间,这个距离相对于星站距离可忽略不计。因此,认为参考站与流动站周边的空间环境是等价的。根据这一原理,美国联邦航空局主持设计和建设了世界上第一个广域差分 GPS 系统(Wide Area Difference GPS, WADGPS)——广域增强系统(Wide Area Augmentation System,WAAS),WAAS 也成为世界上第一个星基增强系统(Satellite-Based Augmentation System,SBAS)。随着美国选择可用性政策的取消,SBAS 系统定位精度提升至 2 ~ 3m,已能够满足航空领域的要求。

DGPS 及 WADGPS 系统以伪距为主要观测量,只能实现米级到分米级定位精度,难以满足测绘等高精度领域厘米级甚至毫米级定位精度的要求,因此,以实时差分定位(Real-time kinematic,RTK)为代表的基于载波相位的高精度定位技术得到广泛研究和迅速发展。

RTK 的原理是在地面上建立几个基站,每个基站都知道自己精确的地面真实位置,但是每个基站也通过 GPS 测量自己的位置,将测出来的位置与自身位置对比得出误差,再将这个误差传给接收设备,以供其调整自身位置计算。基于 RTK 原理,世界多国建设了连续运行参考站系统(Continuously Operating Reference Stations,CORS),为特定行业或地区提供标准化高精度服务,在经济建设中发挥了重要作用。

虽然在 RTK 的作用下,能将车辆的位置精度确定在 10cm 以内,但还是存在很多问题,比如 GPS 信号被高楼大厦挡住了,或者受到天气影响,导致根本无法接收到信号,另外其更新频率很低,大约 10Hz 或者每秒更新 10 次。

3)惯性导航

惯性导航系统(Internal Navigation System, INS)由陀螺仪、加速度计等惯性传感器和导航解算系统集成而成。陀螺仪和加速度计是系统的核心器件,陀螺仪测量物体的角速度,加速度计测量物体的加速度。典型的惯性导航产品包含 3 组陀螺仪和加速度计,分别测量三个自由度的角速度和加速度,通过积分即可获得物体在三维空间的运动速度和轨迹。在实际应用中,需要对 GPS、BDS 等方式产生的信号进行初始化,结合惯导信号和卫星导航信号进行卡尔曼滤波处理,得出其最佳推算的定位信息。

惯性导航比起卫星定位具有自身的技术优势,其测量方法不依赖外界,短期精度高,能稳定高频(达 1000Hz)地输出信号。工作原理是通过感知物体在空间的角速度、线速度，进而获取物体的姿态、位置和速度等信息，实现对运动物体姿态和运动轨迹的测量，可以实现全天候全地点的工作。但惯性导航也有自身的缺陷，由于采用积分算法，定位误差随载体运行不断累积。

GNSS 和 INS 都存在着自身难以克服的缺点，但两者具有很强的互补性，组合定位可以各取所长。按照信息交换或组合程度的不同，分为松散组合和紧耦合组合。两种组合方案都需要用到卡尔曼滤波器，区别在于松散组合只是 GNSS 信息单向对 INS 信号进行反馈校正，而紧耦合组合是双向信号反馈校正。松散组合方案相对紧耦合组合方案来说结构简单，在 GPS 工作良好时，松散组合方案输出精度较好，当 GPS 受影响而长期不工作时，松散组合精度急剧下降。紧耦合组合方案在动态工作下精度和可靠性更高，即使 GPS 信号无法跟踪时也可以利用 INS 独立导航，而且利用 INS 可以提高 GPS 信号重新捕获速度，改进跟踪回路能力，提高抗干扰性和保密性。

4）北斗卫星导航增强系统现状

北斗卫星导航增强系统主要由北斗星基增强系统、北斗地基增强系统及其他商用增强系统共同组成。

2014 年，我国启动北斗地基增强系统研制建设工作，主要由监测站、通信网络系统、国家数据综合处理系统、行业数据处理系统、数据播发系统、用户终端等分系统组成。

北斗星基增强系统与北斗全球系统共用地球同步轨道（Geosynchronous Earth Orbit，GEO）卫星及地面站资源，按照国际标准规范开展设计与建设，满足国际 SBAS 兼容互操作性要求，为中国及周边地区提供完好性增强服务，兼具米级精度增强功能。空间段包括 24 颗中轨（Medium Earth Orbit，MEO）卫星，3 颗播发 SBAS 增强信号的北斗全球系统 GEO 卫星，3 颗弥补 GEO 卫星在高纬度地区仰角过低问题的倾斜地球同步轨道（Inclined Geosynchronous Orbit，IGSO）卫星。三颗 IGSO 卫星已于 2019 年 4 月 20 日、2019 年 6 月 25 日、2019 年 11 月 5 日成功发射，三颗 GEO 卫星已于 2018 年 11 月 1 日、2019 年 5 月 17 日、2020 年 6 月 23 日成功发射。北斗星基增强系统星座部署全面完成。

北斗地基增强系统（BeiDou ground-based augmentation system，BDSBAS）由基准站网络、数据处理系统、运营服务平台、数据播发系统和用户终端五部分组成。基准站接受卫星导航信号后，通过数据处理系统形成相应信息，经由卫星、广播、移动通信等手段实时播发给应用终端，实现定位服务。北斗地基增强系统于 2014 年 9 月正式启动研制建设，于 2016 年 5 月 18 日正式投入运行，2017 年 6 月完成了北斗地基增强系统第一阶段（150 个框架网基准站，1200 个加强密度网基准站，国家综合数据处理中心，6 个行业数据处理中心等）的建设任务。2017 年 7 月发布服务性能规范，支持测绘、交通、气象、地震、国土等行业开展了多项高精度应用。2018 年 5 月,在全国建立了超过 1800 个地基增强站,具备为用户提供广域实时米级、分米级、厘米级和后处理毫米级定位精度的能力。

商业运营方面,中国兵器工业集团公司与阿里巴巴集团于 2015 年 8 月联合成立"千寻位置网络有限公司",注册资本 20 亿元,成为全球最大的地基增强系统运营商,开创了北斗卫星导航应用新的商业模式。通过互联网融合,北斗地基增强系统基于阿里云计算和数据技术,针对具体应用场景推出了多种特色产品和服务,并在危房监测、精准农业、自动驾驶等领域实现应用。

4.4.3 交通领域应用

高精度定位技术对现有智能交通多个领域的产业发展都能产生巨大的推动作用。下面是其在智能交通领域的典型应用。

(1)可靠的路况信息服务

采用了高精度定位技术,浮动车的路况信息采集将更加准确,路况信息将更加可用,解决了主辅路、高架桥、多岔路等复杂路段由于定位不准确导致的路况信息的不确定性问题。

(2)精准的出行信息服务

高精度定位技术将极大地提升车载导航设备的导航能力,提高道路匹配、弯道提示、并道导引和基于路况的动态路径规划的准确性和有效性。高精度定位技术对于出行路径规划、到达时间预测以及组团跟车等方面也将起到基础性的作用。

(3)精细化的交通管理和调度

由于可提供亚米级的定位精度,使得基于车道的精细交通管理和调度成为可能,应用形态包括:拥堵场景下的自由流车道收费;基于车道的车辆(如危险品运输车辆、重型载货汽车等)运行精细化管理;更精准的交通诱导和信号灯控制等。

(4)车道级的公共服务车辆的运营管理

基于车道级的管理,可以实现对公共服务运输车辆进行精准监控和管理,准确掌握公共服务车辆的真实作业情况,譬如环卫清扫车、渣土车等。对城市智能公交信息化而言,亚米级高精度的应用,使得自动报站更加准确,公交车停靠管理更加科学,对公交车的调度更加有效,也更易实施公交优先的城市交通发展策略。

(5)高等级的自动驾驶

对于交通工具,采用了高精度定位技术,将极大地提升车辆的安全辅助驾驶能力,实现弯道自动预测减速控制、占道自动提醒、自动驾驶等先进功能。

4.5 大数据技术

4.5.1 技术概述

随着互联网/移动互联网、物联网、传感器、数码设备等技术的发展,全球数据生产在高速增长,如图4-5所示,信息处理技术的发展使数据价值能够被更好地挖掘和利用,传统的数据处理技术已经无法应对新的挑战。

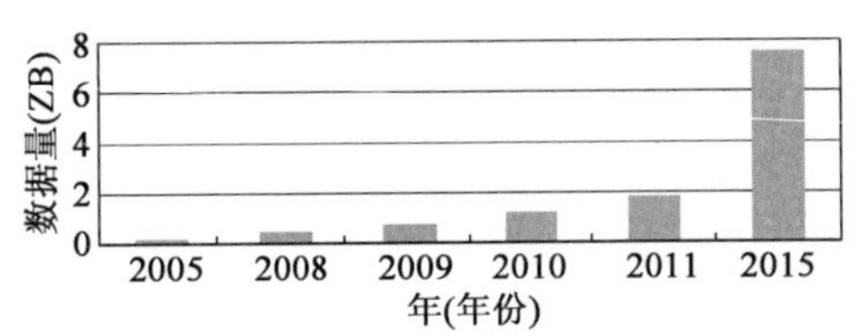

图4-5 2005—2015年全球数据量预计

根据IDC数据显示,全球数据储量由2016年的16ZB增长至2021年的54ZB,2022年全球数据储量将达61ZB。

著名研究机构Gartner对大数据的定义是:需要新处理模式才能具有更强的决策力、洞察发现力和流程优化能力的海量、高增长率和多样化的信息资产。简单来说,大数据分析是指对大量结构化和非结构化的数据进行分析处理,从中获得新的价值。由于大数据具有数据量大、数据类型多、处理要求快等特点,需要用到大量的存储设备和计算资源。

大数据的特点一般被概括为"3V"或"4V",较为统一的"3V"分别是数据规模大(Volume)、数据形态多样(Variety)、数据产生和处理的速度快(Velocity),而第四个"V"则有数据价值密度低(Value)、数据中可获得更大的价值(Value)、分析和处理模型因需求而快速变化(Vitality)等不同说法。

(1)数据量大

数据量大是大数据的基本属性。当前,全球数据规模激增,而导致这一现象的原因有很多,首先是随着互联网络的广泛应用,使用网络的人、企业、机构增多,数据获取、分享变得相对容易;其次是随着各种传感器数据获取能力的大幅提高,使得人们获取的数据越来越接近原始事物本身,描述同一事物的数据量激增;此外,数据量大还体现在人们处理数据的方法和理念发生了根本的改变。随着技术的发展,样本数目逐渐逼近原始的总体数据,且在某些特定的应用领域,采样数据可能远不能描述整个事物,可能丢掉大量重要细节,甚至可能得到完全相反的结论,因此,就有直接处理所有数据而不是只考虑采样数据的思想。使用所有的数据可以带来更高的精确性,从更多的细节来解释事物属性,同时必然使得要处理的数据量显著增多。

（2）数据类型多样

数据类型繁多、复杂多变是大数据的重要特性。大数据分析将数据分为结构化数据、非结构化数据和半结构化（或称之为弱结构化）数据。结构化数据是将事物向便于人类和计算机存储、处理、查询的方向抽象的结果，结构化在抽象的过程中，忽略一些在特定的应用下可以不考虑的细节，抽取了有用的信息。随着互联网与传感器的飞速发展，非结构化数据大量涌现，非结构化数据没有统一的结构属性，难以用表结构来表示，在记录数据数值的同时还需要存储数据的结构，增加了数据存储、处理的难度。当下在网络上流动着的数据大部分是非结构化数据，已占到数据总量的75%以上，且增长速度比结构化数据快10到50倍。半结构化数据与以上两种数据的差别在于，其具有结构化的性质，但是结构变化很大，由于要了解数据的细节，不能将此类数据简单地组织成一个文件按照非结构化数据处理，同时由于结构变化很大，也不能够简单地建立一个表和它对应。

大数据正是在这样的背景下产生的，大数据与传统数据处理最大的不同就是重点关注非结构化信息，大数据关注包含大量细节信息的非结构化数据，强调小众化，而如此的用户体验使得传统的数据处理方式面临巨大的挑战。

（3）数据处理速度快

数据快速处理是大数据区别于传统海量数据处理的重要特性之一。随着信息获取和传播技术的飞速发展和普及，信息生产和发布所产生的数据呈爆炸式增长，快速增长的数据量要求数据处理的速度也要相应的提升，从而使这些数据得到有效的利用；同时，数据在互联网络中不断流动，且通常价值随着时间的推移而迅速降低；此外，在许多应用中要求能够实时处理新增的大量数据，例如电子商务应用，大数据以数据流的形式产生、快速流动、迅速消失，且数据流量通常不是平稳的，它会在某些特定的时段突然激增，数据的涌现特征明显，而用户对于数据的响应时间通常非常敏感，这种情况下，就要求能快速、持续、实时处理大数据。

（4）数据价值密度低

价值密度的高低与数据总量的大小成反比。如何通过强大的机器算法更迅速地完成数据的价值“提纯”，成为大数据背景下亟待解决的难题。随着社交数据、企业内容、交易与应用数据等新数据源的兴起，传统数据源的局限性被打破，企业愈发需要有效的信息治理以确保其真实性及安全性。

4.5.2　技术特点

大数据技术，就是从各种类型的数据中快速获得有价值信息的技术。大数据领域已经涌现出了大量新的技术,它们成为大数据采集、存储、处理和呈现的有力武器。大数据处理关键技术一般包括:大数据采集、大数据预处理、大数据存储及管理、大数据分析及挖掘、大数据展现和应用(大数据检索、大数据可视化、大数据应用、大数据安全等)。

1)大数据采集

数据是指通过射频、传感器、社交网络交互及移动互联网等方式获得的各种类型的结构化、半结构化及非结构化的海量数据,是大数据知识服务模型的根本。大数据采集重点要突破分布式高速高可靠数据获取、高速数据全映像等大数据收集技术;突破高速数据解析、转换与装载等大数据整合技术;设计质量评估模型,开发数据质量技术。

大数据采集一般分为大数据智能感知层和基础支撑层。其中智能感知层主要包括数据传感体系、网络通信体系、传感适配体系、智能识别体系及软硬件资源接入系统,实现对结构化、半结构化、非结构化的海量数据的智能化识别、定位、跟踪、接入、传输、信号转换、监控、初步处理和管理等。必须着重攻克针对大数据源的智能识别、感知、适配、传输、接入等技术。基础支撑层指提供大数据服务平台所需的虚拟服务器,结构化、半结构化及非结构化数据的数据库及物联网络资源等基础支撑环境。大数据采集重点攻克大数据获取、存储、组织、分析和决策操作的可视化接口技术,分布式虚拟存储技术,大数据的网络传输与压缩技术,大数据隐私保护技术等。

2)大数据预处理

主要完成对已接收数据的辨析、抽取、清洗等操作。由于获取的数据可能具有多种结构和类型,数据抽取过程可以将这些复杂的数据转化为单一的或者便于处理的构型,以达到快速分析处理的目的。大数据并不全是有价值的,有些数据并不是我们所关心的内容,还有一些数据则是完全错误的干扰数据,数据清洗可对数据过滤“去噪”从而提取出有效数据。

3)大数据存储与管理

大数据存储与管理是指用存储器把采集到的数据存储起来,建立相应的数据库,并对数据进行管理和调用。重点解决复杂结构化、半结构化和非结构化大数据管理与处理技术。主要解决大数据的可存储、可表示、可处理、可靠性及有效传输等几个关键问题,包括:开发可靠的分布式文件系统(Distributed File System,DFS)、能效优化的存储、计算融入存储、大数据的去冗余及高效低成本的大数据存储技术;突破分布式非关系型大数据管理与处理技术,异构数据的数据融合技术,数据组织技术,大数据建模技术;突破大数据索引技术;突破大数据移动、备份、复制等技术;开发大数据可视化技术。此外,还包括下列技术:

(1)新型数据库技术

数据库分为关系型数据库和非关系型数据库。其中,非关系型数据库主要指的是NoSQL数据库,分为:键值数据库、列存数据库、图存数据库以及文档数据库等类型。关系型数据库包含了传统关系数据库系统以及NewSQL数据库。

(2)大数据安全技术

改进数据销毁、透明加解密、分布式访问控制、数据审计等技术;突破隐私保护和推理控制、数据真伪识别和取证、数据持有完整性验证等技术。

4)大数据分析及挖掘

(1)大数据分析技术

改进已有数据挖掘和机器学习技术;开发数据网络挖掘、特异群组挖掘、图挖掘等新型数据挖掘技术;突破基于对象的数据连接、相似性连接等大数据融合技术;突破用户兴趣分析、网络行为分析、情感语义分析等面向领域的大数据挖掘技术。

(2)大数据挖掘技术

数据挖掘就是从大量的、不完全的、有噪声的、模糊的、随机的实际应用数据中,提取隐含在其中的、人们事先不知道的但又是潜在有用的信息和知识的过程。数据挖掘涉及的技术方法很多,有多种分类法。根据挖掘任务可分为分类或预测模型发现、数据总结、聚类、关联规则发现、序列模式发现、依赖关系或依赖模型发现、异常和趋势发现等;根据挖掘对象可分为关系数据库、面向对象数据库、空间数据库、时态数据库、文本数据源、多媒体数据库、异质数据库、遗产数据库以及环球网Web;根据挖掘方法可粗分为机器学习方法、统计方法、神经网络方法和数据库方法。机器学习中,可细分为归纳学习方法(决策树、规则归纳等)、基于范例学习、遗传算法等。统计方法中,可细分为回归分析(多元回归、自回归等)、判别分析(贝叶斯判别、费歇尔判别、非参数判别等)、聚类分析(系统聚类、动态聚类等)、探索性分析(主元分析法、相关分析法等)等。神经网络方法中,可细分为前向神经网络(BP算法等)、自组织神经网络(自组织特征映射、竞争学习等)等。数据库方法主要是多维数据分析或联机分析处理(Online Analytical Processing,OLAP)方法,另外还有面向属性的归纳方法。

从挖掘任务和挖掘方法的角度,着重突破可视化分析技术。数据可视化无论对于普通用户或是数据分析专家,都是最基本的功能。数据图像化可以让数据自己说话,让用户直观地感受到结果。图像化是将机器语言翻译给人看,而数据挖掘就是机器的母语,分割、集群、孤立点分析还有各种各样五花八门的算法让我们精炼数据、挖掘价值,这些算法一定要能够应付大数据的量,同时还具有很高的处理速度。预测性分析可以令分析师根据图像化分析和数据挖掘的结果做出一些前瞻性判断。语义引擎需要设计到有足够的人工智能以足以从数据中主动地提取信息。语言处理技术包括机器翻译、情感分析、舆情分析、智能输入、问答系统等。数据质量与管理是管理的最佳实践,透过标准化流程和机器对数据进行处理可以确保获得一个预设质量的分析结果。

5)内存计算

内存计算是中央处理器(Central Processing unit,CPU)直接从内存而不是硬盘上读取数据,然后进行计算、分析,是对传统数据处理方式的一种加速。内存计算非常适合处理海量的数据,以及需要实时获得结果的数据。内存计算的出现与计算机处理能力的提升、成本的下降直接相关,其核心是针对当前企业和用户对实时分析计算的要求,加快处理速度,提高分析时效性、灵活度、准确性以及便捷性。内存计算的突出之处在于充分发挥多核计算的优势,可以实现对数据的并行处理,而且内存读取速度成倍数加快,数据按优化的列存储方式存放在内存里面。

6)大数据展现和应用

在我国,大数据将重点应用于以下三大领域:商业智能、政府决策、公共服务。例如:商业智能技术,政府决策技术,电信数据信息处理与挖掘技术,电网数据信息处理与挖掘技术,气象信息分析技术,环境监测技术,警务云应用系统(道路监控、视频监控、网络监控、智能交通、反电信诈骗、指挥调度等公安信息系统),大规模基因序列分析比对技术,Web 信息挖掘技术,多媒体数据并行化处理技术,影视制作渲染技术,其他各种行业的云计算和海量数据处理应用技术等。

7)大数据服务器

大数据服务器不同于存储服务器,是源于大数据时代的处理模式。传统的处理模式是服务器把存储里面的数据移动到服务器里面进行处理,处理结束的数据返回存放到存储。大数据时代的数据处理方式变成了数据不动,处理软件是主动处理,在一个一个节点上处理。

4.5.3 交通领域应用

1)交通行业

(1)美国实时车辆交通数据公司——交通信息服务平台

美国实时车辆交通数据公司(Inrix)交通信息服务平台如图 4-6 所示,其提供的主要服务包括:智能路径诱导服务、实时交通信息服务、电动车服务、拼车服务、共享汽车服务、绿色出行诱导服务等。Inrix 为了提供服务采集了大量数据并进行了大数据分析,采集的数据源包括：

①车和人采集数据。

有一亿用户规模的出租车、运输车、卡车等资源，使用传感器收集每个用户实时信息，包括现在在哪里、准备要到哪里去、行进速度如何等，数据分析组合后再向用户提供实时的路况信息，包括理想的交通路线指引、行驶时间预计、路况提醒以及其他实时的应用等。

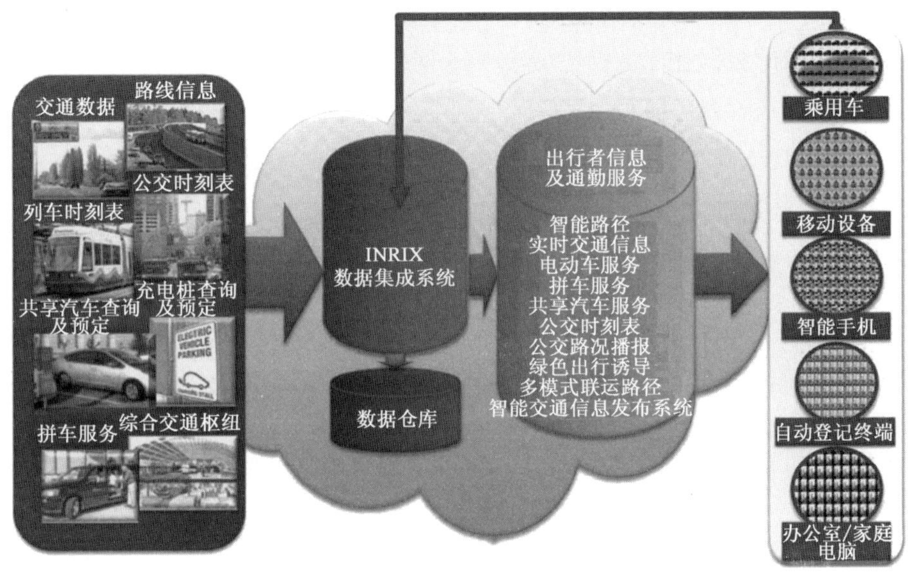

图 4-6　Inrix 交通信息服务平台

②道路基础设施采集数据。

道路上的数十万个接收器，每小时收集数百万条数据，如汽车的行驶速度、汽车加速或减速等。

③停车场采集数据。

北美 1.8 万个停车场以及欧洲 4.2 万个停车场的信息为 ParkMe 和 Parkopedia 提供服务。

④隐性交通信息。

季节、节假日、当前和未来天气数据、交通事故以及道路建设情况，甚至还有学校活动、运动会、音乐会等信息。

(2) 日本电通——提供位置信息分析服务“Draffic”

日本电通公司利用 GPS 收集 70 万人的位置信息，开发出位置信息服务“Draffic”，实现人流动可视化。通过这项服务，可获得持有 NTT DoCoMo(日本一家电信公司)内置 GPS 的部分手机和智能手机用户的现在以及近 3 年期间的移动数据。而且，可指定具体日期分析手机用户的移动情况。由于“Draffic”可把检测区域缩小到2500m^2,因此它可更确切地分析顾客在商业设施或商场的流动状况,比如来店的人来自何处又将去何处及其人数等。

2)通信行业

XO Communications通过使用统计产品与服务解决方案(Statistical Product and Service Solutions,SPSS)预测分析软件,减少了将近一半的客户流失率。目前可以预测客户的行为,发现行为趋势,并找出存在缺陷的环节,从而帮助公司及时采取措施,保留客户。此外,IBM新的数据仓库数据库(Netezza)网络分析加速器,将通过提供单个端到端网络、服务、客户分析视图的可扩展平台,帮助通信企业制定更科学、合理的决策。

中国移动通过大数据分析,对企业运营的全业务进行针对性的监控、预警、跟踪。系统在第一时间自动捕捉市场变化,再以最快捷的方式推送给指定负责人,使其在最短时间内获知市场行情。

NTT DoCoMo将手机位置信息和互联网上的信息结合,为客户提供附近的餐饮店信息,同时提供接近末班车时间信息提示服务。

3)个人服务

美国加州Alohar开发的Placeme产品将用户的行车路线、常用目的地、喜爱颜色、通常购物种类、社交网络留言等信息整合,用于信息服务开发,并同时获取经济效益。

4)汽车行业

沃尔沃集团通过在载货汽车产品中安装传感器和嵌入式CPU,从制动到中央门锁系统等多种系统获取车辆使用信息。这些数据被用来优化生产流程,以提升客户体验和安全性。将来不同客户的使用数据进行分析,可以让产品部门提早发现产品潜在问题,并在这些问题发生前向客户发出预警。

5)交通领域应用前景

车路协同、车联网应用是以车载移动计算平台和全路网动态信息服务为双向通信的移动传感车载终端,加上强大的数据存储、数据处理、决策支持的软件和数据库技术,在传感网、互联网、泛在网的网络环境下,对路况环境和车辆实时智能监控和智能管理。其中,数据处理和运用将起到决定性的作用。随着车路协同、车联网应用的发展,以及海量存储、无线宽带、实时定位等相关技术的不断成熟,视频和位置信息逐渐替代传统的线圈检测数据,成为ITS最为倚重的交通检测基础数据来源。数据是ITS的基础和命脉,无论是交通基础设施、交通运行状态还是交通服务对象和交通运载工具,每时每刻都在产生着大量的数据,从大数据的思路和角度来看,这些都是正待挖掘的宝藏,能为交通决策和服务带来新的解题思路。交通大数据应用服务呈现四大趋势:

一是数据资源交互渗透。当交通行业意识到土地、经济、人口、气象、资源对交通分析很重要的时候,就会想方设法把这些数据汇聚。别的行业也是一样,同时会把其他行业作为关联行业数据来利用,从而形成各行业对数据资源的交互渗透,这样的渗透将更有利于数据资源的交换、融合、共享,提升数据价值。

二是交通数据挖掘分析更经济、高效及可视化。Hadoop(分布式系统基础架构)系统对于基层数据资源存储有优越性,但是对无形风险优势并不明显,因此有必要开展基于 Hadoop 系统和关系型数据的交互与优化技术研究。

三是分析研判更综合、信息服务更个性。包括道路交通运行状况关联分析研究,气象信息、土地利用、人口、经济、小汽车保有量等多种跨行业数据的影响因素分析,视频、音频数据的综合利用分析,还有基于交通运行监控和公众互动提供交通事件、道路运行状况的视频、图片综合分析等。

四是服务模式更合理。政府通过与企业合作,建设交通大数据中心和应用服务平台,整合更广泛的交通信息资源,提高数据分析效率和挖掘深度,拓宽数据资源向社会开放的范围和方式。政府的数据资源未来能够和企业进行交融,进行合作共享,产生新的模式,对推动未来交通信息服务起到重要作用。

4.6　云计算技术

4.6.1　技术概述

云计算(Cloud Computing)是继 20 世纪 80 年代大型计算机到客户端—服务器的大转变之后的又一种基于互联网的计算新方式,通过互联网上异构、自治的服务为个人和企业用户提供按需提取的计算。云计算是分布式处理(Distributed Computing)、并行处理(Parallel Computing)和网格计算(Grid Computing)的发展,或者说是这些计算机科学概念的商业实现。许多跨国信息技术行业的公司如 IBM、Yahoo 和 Google 等使用云计算的概念销售自己的产品和服务。

云计算可以认为包括以下几个层次的服务:基础设施即服务(IaaS),平台即服务(PaaS)和软件即服务(SaaS)。云计算服务通常提供通用的通过浏览器访问的在线商业应用,软件和数据可存储在数据中心。

①基础架构即服务(IaaS),消费者使用“基础计算资源”,如处理能力、存储空间、网络组件或中间件,消费者能掌控操作系统、存储空间、已部署的应用程序及网络组件(如

防火墙、负载平衡器等),但并不掌控云基础架构。例如:Amazon AWS、Rackspace。

②平台即服务(PaaS),消费者使用主机操作应用程序,消费者掌控运作应用程序的环境(也拥有主机部分掌控权),但并不掌控操作系统、硬件或运作的网络基础架构。平台通常是应用程序基础架构。例如:Google App Engine。

③软件即服务(SaaS),消费者使用应用程序,但并不掌控操作系统、硬件或运作的网络基础架构。SaaS 是一种服务观念的基础,软件服务供应商以租赁的概念提供客户服务,而非购买,比较常见的模式是提供一组账号密码。例如:Microsoft CRM 与 Salesforce. com。

IaaS 技术流派众多,主要研究的内容有承载平台(计算虚拟化、存储虚拟化、网络虚拟化、桌面虚拟化、负载均衡等)、资源管理平台、业务管理平台、用户服务平台等。对 PaaS 的研究主要包括两个:一个是经典 PaaS 的应用、运营管理、优化研究;另一个是针对新的问题域的新平台技术的研究。SaaS 技术则存在多种实现方式,广泛研究的技术包括 Web、Struts、Hibernate、元数据开始模式等。IaaS、PaaS 将成为社会信息化平台的基础设施。这意味着大量老旧应用将转移到新的平台,并涌现大量新应用。平台自身的架构和演进、与现在 IT 平台的管理、承载网络的关系等就是云计算体系架构需要研究的内容。

按照云服务的对象进行划分,云计算分公有云、私有云和混合云三种。公有云:面向外部用户需求,通过开放网络提供服务,例如:IDC、Google App 等。私有云:大型企业按照云计算架构搭建平台,面向企业内部用户需求,例如:企业内部数据中心。混合云:兼顾外部用户和内部用户需求,例如:Amazon Web Server。

云计算特点如下:

(1)超大规模

“云”具有相当的规模,Google 云计算已经拥有 100 多万台服务器,Amazon、IBM、微软、Yahoo 等的“云”均拥有几十万台服务器。企业私有云一般拥有数百上千台服务器。“云”能赋予用户前所未有的计算能力。

(2)虚拟化

云计算支持用户在任意位置使用各种终端获取应用服务。所请求的资源来自“云”,而不是固定的有形的实体。应用在“云”中某处运行,但实际上用户无须了解、也不用担心应用运行的具体位置。只需要一台笔记本或者一个手机,就可以通过网络服务来实现我们需要的一切,甚至包括超级计算这样的任务。

(3)高可靠性

“云”使用了数据多副本容错、计算节点同构可互换等措施来保障服务的高可靠性,使用云计算比使用本地计算机可靠。

(4)通用性

云计算不针对特定的应用,在“云”的支撑下可以构造出千变万化的应用,同一个“云”可以同时支撑不同的应用运行。

(5)高可扩展性

“云”的规模可以动态伸缩,满足应用和用户规模增长的需要。

(6)按需服务

“云”是一个庞大的资源池,按需购买;云可以像自来水、电、煤气那样计费。

(7)廉价

由于“云”的特殊容错措施,可以采用极其廉价的节点来构成云,“云”的自动化集中式管理使大量企业无须负担日益高昂的数据中心管理成本,“云”的通用性使资源的利用率较之传统系统大幅提升,因此用户可以充分享受“云”的低成本优势,通常只要花费几百美元、几天时间就能完成以前需要数万美元、数月时间才能完成的任务。

云计算技术应用,首先要考虑安全问题,安全贯穿于云计算核心技术各个方面的重要环节,主要研究包括云计算安全(平台系统安全、用户数据安全、接入认证、网络攻击防护等)、网络安全设备和技术设施“云化”及云安全服务等。其次,云计算的测试技术也是值得特别强调和研究的,一方面是因为云计算技术不同于已有技术,另一方面是因为云计算产业尚不成熟。科学、高效的测试有助于对云计算环境技术、产品做出迅速准确评估,也有利于云计算应用快速推广。另外,云计算标准化工作尚处于起步阶段,研究内容涵盖了云计算的各个方面,包括云计算核心技术和服务的标准、云互操作性及接口、云存储、云安全、云测试基准以及云计算环境的管理和互操作性等。云计算技术应用还应考虑法律、法规等问题,云计算的一个显著特征就是用户将自己的基础设施、数据、应用都托管在运营商的平台上;而云平台又是以池化资源的方式组织的,传统的用户边界、应用边界、设备边界、地理边界都将被打破。因此,一旦发生安全事故、服务终端等意外,如何溯源、如何定损、如何界定运营商与用户的责任,都需要法律法规的支撑。同时,要满足在什么条件下才能成为“云”运营商,境外运营如何在国内落地,在运营过程中如何对运营商进行有效监管等问题,也都需要法律法规进行规范。

4.6.2 技术特点

如今,IT 行业正面临着空间、电源和成本等资源严重不足的巨大压力。随着这些需求的日益增长,行业中出现了一类全新的解决方案,旨在通过云计算技术对数据中心进行改造。要获得云计算的优势，必须在IT基础设施中部署一套明确定义的开放标准。2010年英特尔发布了2015年云计算愿景，效果如图4-7所示。其致力于帮助企业实施联合、自动且客户端感知型云计算技术。也就是说，新的IT自动化方法有助于以经济高效的全新方式响应用户的需求。联合云支持快速扩展计算资源，而客户端感知型云可为终端用户设备提供绝佳应用。

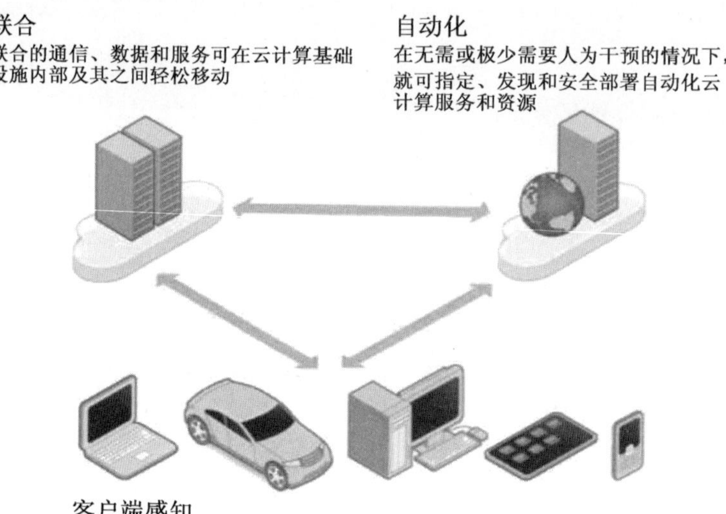

图4-7　英特尔2015年云计算愿景效果图

云计算的本质核心：以虚拟化、分布式的软硬件体系为基础，以高效服务管理为核心，提供自动化的，具有高度可伸缩性、虚拟化、标准化的硬软件资源服务。云计算的关键技术分布如图4-8所示。

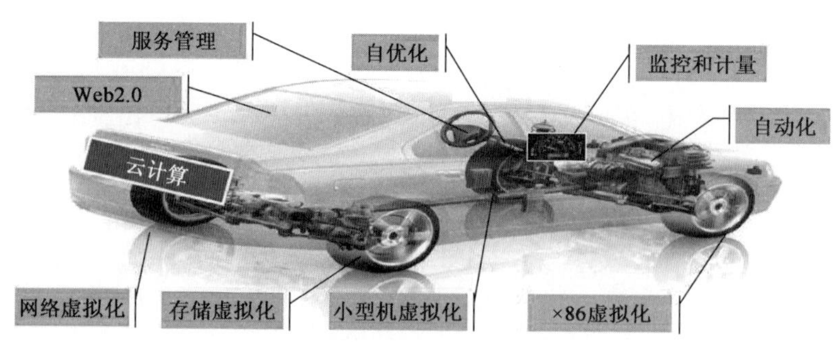

图4-8　云计算关键技术分布

云计算的关键技术包括了虚拟化、服务管理和自动化：虚拟化作为实现资源共享和弹性基础架构的手段，将IT资源和新技术有效整合；服务管理以服务为核心，将资源模块化、标准化、服务化，提供给最终用户；自动化实现自动快速的任务分发、资源部署和服务响应,提高运维管理效率。

1)虚拟化技术

虚拟化就是淡化用户对于物理计算资源,如处理器、内存、I/O 设备的直接访问,取而代之的是用户访问逻辑的资源,而后台的物理连接则由虚拟化技术来实现和管理,虚拟化技术说明如图 4-9 所示。

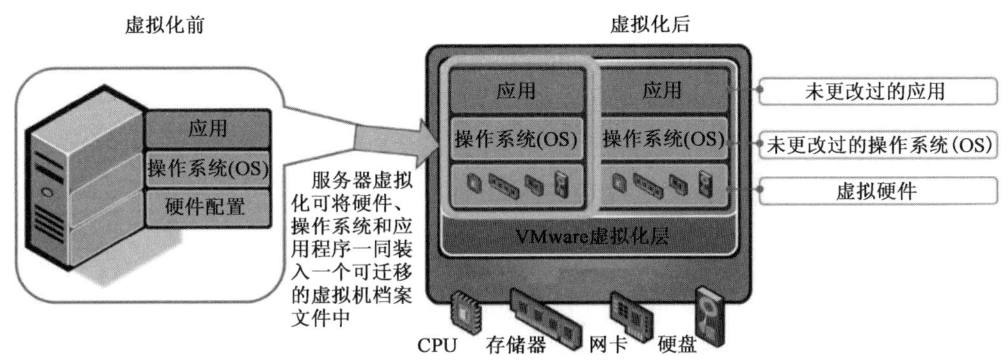

图 4-9　虚拟化技术示意图

虚拟化技术的特征包括:

(1)兼容性:虚拟机完全兼容标准的操作系统,以及在这些操作系统之上建立的硬件驱动和应用。

(2)隔离:每一个虚拟机都与同在一个服务器上的其他虚拟机相隔离。

(3)封装:虚拟机将整个系统,包括硬件配置、操作系统以及应用等封装在文件里。

(4)硬件独立:可以在其他服务器上不加修改的运行虚拟机。

通过虚拟化技术可实现软件应用与底层硬件相隔离,它包括将单个资源划分成多个虚拟资源的裂分模式,也包括将多个资源整合成一个虚拟资源的聚合模式。虚拟化技术根据对象可分成小型机虚拟化、计算虚拟化、网络虚拟化等。计算虚拟化又分为系统级虚拟化、应用级虚拟化和桌面虚拟化。当前普遍使用 3 种虚拟机技术,分别为 VMware Infrastructure、Xen 和 KVM。

VMware 作为虚拟化技术中的龙头,开发设计的 VMware Infrastructure 能创建自我优化的 IT 基础架构。VMware Infrastructure 作为一个虚拟数据中心操作系统,可以将离散的硬件资源统一起来以创建共享动态平台,同时实现应用程序的内置可用性、安全性和可扩展性。

Xen 是由 XenSource 所管理的一个开源 GPL 项目。Xen 是 openSUSE 和 Novell 主要支持的虚拟化技术,其能够创建更多的虚拟机,每一个虚拟机都是运行在某一个操作系统上的实例。

KVM 是指基于 Linux 内核的虚拟机，是以色列的一个开源组织提出的一种新的虚拟机实现方案，也称为内核虚拟机。

2）自动化技术

云计算规模越来越大，成千上万的基础硬件设备需要进行虚拟化配置和管理，通过人工处理无法完成，这就需要计算机通过自动化控制软件来进行自我协调、管理和完成，这样才能达到云计算的要求。

自动化技术的特点：

（1）很少的人工参与；

（2）自动化的工作步骤；

（3）集成的信息；

（4）无论虚拟机还是物理机，都能提供一致无误的功能。

MapReduce 是 Google 开发的 java、Python、C + + 编程模型，它是一种简化的分布式编程模型和高效的任务调度模型，用于大规模数据集（大于 1TB）的并行运算。严格的编程模型使云计算环境下的编程十分简单。MapReduce 模式的思想是将要执行的问题分解成 Map（映射）和 Reduce（化简）的方式，先通过 Map 程序将数据切割成不相关的区块，分配（调度）给大量计算机处理，达到分布式运算的效果，再通过 Reduce 程序将结果汇整输出。

3）分布式技术

并行计算是指同时使用多种计算资源解决计算问题的过程，通常指一个程序的多个部分同时运行于多个处理器上。特点是把计算任务分派给系统内的多个运算单元。

分布式计算（狭义）是将待解决问题分成多个小问题，再分配给许多计算系统处理，最后将处理结果加以综合。特点是把计算任务分派给网络中的多台独立的机器。

4）其他技术

（1）数据存储技术

云计算系统由大量服务器组成，同时为大量用户服务，因此云计算系统采用分布式存储的方式存储数据，用冗余存储的方式保证数据的可靠性。云计算系统中广泛使用的数据存储系统是 Google 的 GFS 和 Hadoop 团队开发的，利用 GFS 开源技术实现 HDFS。GFS 即 Google 文件系统（Google File System），是一个可扩展的分布式文件系统，用于大型的、分布式的、对大量数据进行访问的应用。GFS 的设计思想不同于传统的文件系统，是针对大规模数据处理和 Google 应用特性而设计的。它运行于廉价的普通硬件上，但可以提供容错功能。它可以给大量的用户提供总体性能较高的服务。一个 GFS 集群由一个主服务器和大量的块服务器(Chunk Server)构成,并被许多客户(Client)访问。主服务器存储文件系统所有的元数据,包括名字空间、访问控制信息、从文件到块的映射以及块的当前位置。它也控制系统范围的活动,如块租约管理、孤儿块的垃圾收集、块服务器间的块迁移。主服务器定期通过 Heart Beat 消息与每一个块服务器通信,给块服务器传递指令并收集它的状态。GFS 中的文件被切分为 64MB 的块并以冗余存储,每份数据在系统中保存 3 个以上备份。客户与主服务器的交换只限于对元数据的操作。所有数据方面的通信都直接和块服务器联系,这大大提高了系统的效率,防止主服务器负载过重。

(2)资源管理技术

云计算需要对分布的、海量的数据进行处理、分析,因此,数据管理技术必须能够高效地管理大量的数据。云计算系统中的数据管理技术主要是 Google 的 BT(Big Table)数据管理技术和 Hadoop 团队开发的开源数据管理模块 Hbase。BT 是建立在 GFS、Scheduler、Lock Service 和 MapReduce 之上的一个大型的分布式数据库。与传统的关系数据库不同,它把所有数据都作为对象来处理,形成一个巨大的表格,用来分布存储大规模结构化数据。Google 的很多项目使用 BT 来存储数据,包括网页查询、Google Earth 和 Google 金融。这些应用程序对 BT 的要求各不相同:数据大小[从统一资源定位器(Uniform Resource Locator,URL)到网页到卫星图像]不同,反应速度不同(从后端的大批处理到实时数据服务)。对于不同的要求,BT 都成功地提供了灵活高效的服务。

(3)平台管理技术

云计算资源规模庞大,服务器数量众多并分布在不同的地点,同时运行着数百种应用,如何有效地管理这些服务器并保证为整个系统提供不间断的服务是巨大的挑战。云计算系统的平台管理技术能够使大量的服务器协同工作,方便地进行业务部署和开通,快速发现和恢复系统故障,通过自动化、智能化的手段实现大规模系统的可靠运营。

5)云计算与其他技术强相关性

(1)云计算与大数据

云计算推动大数据得以实现并快速发展,大数据是“高速跑车”,云计算则是“高速公路”,两者互相依赖、相辅相成。从技术角度看,大数据应用需要用到大量的存储设备和计算资源,并会对存储数据进行频繁的读写操作。云计算采用分布式计算和虚拟资源管理等技术,通过网络将分散的信息与通信技术(Information and Communications Technology,ICT)资源集中起来形成用户共享的资源池,以动态按需和可度量的方式提供服务,具有低成本优势,满足用户随时随地通过网络接入云平台同步云端数据和获取云服务的需求,可以很好地满足大数据应用的要求,推动大数据技术发展。从业务角度看,大数据应用能够有效分析数据,挖掘新的内容并提供决策支持,具有巨大的经济、社会等价值,将会成为云计算时代的杀手级应用,推动云计算快速发展。

大数据分析处理流程中所使用的关键技术几乎都源自开源模式,最知名的大数据开源项目是分布式计算和存储系统 Hadoop,以及大数据采集、海量文件存储、非关系型数据库等领域的其他一些开源项目。云计算和大数据等新兴技术的兴起,使得开源研发模式被更加广泛地接受,雅虎、IBM、微软等业界领军公司均积极加入大数据开源社区贡献开发力量,并基于开源项目成果进行二次开发,推出自己的大数据应用产品。

大数据应用的多个关键技术都依赖于云计算,如分布式存储、非关系型数据库(NoSQL)、并行处理技术等。

大数据与云计算的不同之处在于应用的不同,主要包括两个方面:第一,在概念上两者有所不同,云计算改变了 IT,而大数据则改变了业务。然而大数据必须有云作为基础架构,才能得以顺畅运营。第二,大数据和云计算的受众目标不同,云计算是卖给首席信息官的技术和产品,是一个进阶的 IT 解决方案。而大数据是卖给首席执行官、卖给业务层的产品,大数据的决策者是业务层。由于他们能直接感受到来自市场竞争的压力,必须在业务上以更有竞争力的方式战胜对手。

(2)云计算与物联网

物联网根据其实质用途可以归结为三种基本应用模式:对象的智能标签、环境监控和对象跟踪、对象的智能控制。物联网基于云计算平台和智能网络,可以依据传感器网络用获取的数据进行决策,改变对象的行为并进行控制和反馈。

云计算服务物联网的驱动力有以下几个方面:

①需求驱动:海量信息的处理,在技术下的高成本压力;云计算充分利用并合理使用资源,降低运营成本。

②技术驱动:IT 与通信技术融合,推动 IT 架构的升级;云计算的标准逐渐快速发展。

③政策驱动:政府的低碳经济与节能减排的政策要求;政府高度关注物联网、云计算等基础设施自主发展战略。

物联网具有全面感知、可靠传递和智能处理三个特征,其中智能处理需要对海量的信息进行分析和处理,对物体实施智能化的控制,这就需要信息技术支持。云计算的超大规模、虚拟化、多用户、高可靠性、高扩展性等特点正是物联网规模化、智能化发展所需的技术。

云计算架构在互联网之上，而物联网将主要依赖互联网来实现有效延伸，云计算模式可以支撑具有业务一致性的物联网集约运营。因此，很多研究提出了构建基于云计算的物联网运营平台，该平台主要包括云基础设施、云平台、云应用和云管理。依托公众通信网络，以数据中心为核心，通过多接入终端实现泛在接入，建立面向服务的端到端体系架构。基于云计算模式，实现资源共享与产业协作，提高效率，降低成本，提升服务。

物联网与云计算都是根据互联网的发展而衍生出来的新时代产物。一方面，物联网的发展离不开云计算的支撑。从量上看，物联网将使用数量惊人的传感器，采集到的数据量惊人。这些数据需要通过无线传感网、宽带互联网向某些存储和处理设施汇聚，而使用云计算来承载这些任务具有非常显著的性价比优势。从质上看，使用云计算设施对这些数据进行处理、分析、挖掘，可以更加迅速、准确、智能地对物理世界进行管理和控制，使人类可以更加及时、精细地管理物质世界，从而达到"智慧"的状态，大幅度提高资源利用率和社会生产力水平。可以看出，云计算凭借其强大的处理能力、存储能力和极高的性能价格比，很自然地就成为物联网的后台支撑平台。另一方面，物联网成为云计算最大的用户，将为云计算取得更大商业成果奠定基石。

(3)云计算与移动互联网

移动互联网和云计算是相辅相成的。通过云计算技术，软硬件获得空前的集约化应用，人们完全可以通过手持终端就能实现传统计算机能达到的功能。二者极大节约了软硬件设施成本，为中小企业带来了福音，为人们带来舒适和便捷。

云计算和移动互联网具有天然的关联。手机拥有便携性和通信能力等众多天然优势，而计算能力、存储能力弱，虽然各厂商推出的手机正逐渐向智能化演进，但受限于体积和便携性的要求，短时间内手机的处理能力还难以和计算机相比。从这一点出发，云计算的特点更能在移动互联网上充分体现，将应用的计算与存储从终端移动到服务器的云端，从而弱化了对移动终端设备的处理需求。在后台，云计算的存储量和计算能力也解决了手机存储量有限和丢失信息的问题。同时，实现了手机移动与固定计算、笔记本电脑计算的协同。对于追求个性化的移动互联网市场来说，云计算的力量十分关键。

云计算正从互联网逐渐过渡到移动互联网。随着一些典型互联网云计算的应用，互联网的"云"与"端"之间形成了平滑对接，而在移动互联网上，"云"与"端"之间还需要"管道"来沟通。浏览器或许将成为重要的"管道"角色。

(4)云计算与三网融合

云计算使计算能力从分散终端向网络综合服务转变，使商业模式从网络设备向基础设施项服务转变，从连接计算机资源向连接个人和设备转变。云计算的基础仍然是宽带,其服务手段和服务对象都需要宽带。社会的各种生活、娱乐和就业都对宽带提出了高要求,各国加大对宽带建设的投入,各厂商也都在加强对宽带技术的研发。

业内专家认为,随着三网(互联网、电信网、广电网)融合政策的出台以及下一代广电网络的推出,云计算不但会为现有广电和电信产业带来新商机,还会大大拓展相关产业链,使更多企业受益,为云计算提供切实的应用机会。三网融合和下一代广电网络项目是要为用户提供多样、便捷的服务。由于云计算可以大大降低数据存储、计算和分发成本,一些以前无法实现的应用,现在都有可能变成现实。云计算完成计算任务,加上物联网等终端应用和5G的数据信息传输,将三网整合形成一个系统的信息采样、接受和处理的整体。

三网融合和下一代广电网的最终目标是构建全数据、全融合的国家骨干网络,借助云计算技术,下一代广电网络还会和传统行业相融合,实现诸如远程教育、网络医疗会诊、股票信息、交通查询、精确广告投放等更多应用。

4.6.3 交通领域应用

1)智能交通领域应用的优势分析

ITS主要解决四个方面的应用需求。一是交通实时监控,获知哪里发生了交通事故、哪里交通拥挤、哪条路最为畅通,并以最快的速度提供给驾驶员和交通管理人员;二是公共车辆管理,实现驾驶员与调度管理中心之间的双向通信,来提升商业车辆、公共汽车和出租车的运营效率;三是旅行信息服务,通过多媒介多终端向外出旅行者及时提供各种交通综合信息;四是车辆辅助控制,利用实时数据辅助驾驶员驾驶汽车,或替代驾驶员自动驾驶汽车。

数据是智能交通的基础和命脉,以上任何一项智能应用都是基于海量数据的实时获取和分析得以实现的,交通流量、速度、占有率、排队长度、行程时间、区间速度等是其中最为重要的交通参数。数据源及采集方式主要包括:利用线圈和摄像机等定点检测设备的静态交通探测方式,以及基于位置不断变化的车辆或手机来获得实时行车速度和旅行时间等交通信息的动态交通探测方式。线圈检测技术最为成熟,且精度较高,适用于交通量较大的道路。但其缺点也非常明显,即采集范围有限、损坏率高、施工成本昂贵、施工周期长。

交通数据有以下特点:

(1)数据量大

交通服务要提供全面的路况,需组成多维、立体的交通综合监测网络,实现对道路交通状况、交通流信息、交通违法行为等的全面监测，特别是在交通高峰期需要采集、处理及分析大量的实时监测数据。

(2)应用负载波动大

道路交通状况日趋复杂化，交通流特性呈现随时间变化大、区域关联性强的特点，需要根据实时的交通流数据及时全面采集、处理、分析等。

(3)信息实时处理要求性高

出行者对出行信息服务的主要需求之一就是对交通信息发布的时效性要求高，需将准确的信息及时提供给不同需求的主体。

(4)数据共享需求

交通行业信息资源的全面整合与共享，是 ITS 高效运行的基本前提，智能交通相关子系统的信息处理、决策分析和信息服务建立在全面、准确、及时的信息资源基础之上。

(5)高可用性、高稳定性要求

需面向政府、社会和公众提供交通服务，为出行者提供安全、畅通、高品质的出行信息服务，对智能交通手段的充分利用，以保障交通运输具备较高的安全性、时效性和准确性，势必要求 ITS 需具有高可用性和高稳定性。

如果交通数据系统采用烟筒式系统建设方式，将产生建设成本较高、建设周期较长、IT 管理效率较低、管理员工作量繁重等问题。随着 ITS 应用的发展，服务器规模日益庞大，将带来高能耗、数据中心空间紧张；服务器利用率低或者利用率不均衡，造成资源浪费；IT 基础架构对业务需求反应不够灵敏，不能有效地调配系统资源适应业务需求等问题。

云计算通过虚拟化等技术，整合服务器、存储、网络等硬件资源，优化系统资源配置比例，实现应用的灵活性，同时提升资源利用率、降低总能耗、降低运维成本。因此，在 ITS 中引入云计算有助于系统的实施。交通云应该是一个整合的、先进的、安全的、自动化的、易扩展的、服务于交通行业的开放性平台。具体体现在：整合现有资源，并能够针对未来的交通行业发展扩展整合将来所需的各种硬件、软件、数据；动态满足 ITS 中各应用系统，针对交通行业的需求——基础设施建设、交通信息发布、交通企业增值服务、交通指挥提供决策支持及交通仿真模拟等，交通云要能够全面提供开发系统资源平台需求，能够快速满足突发系统需求；提供极具弹性的扩展能力需求，以满足将来不断增大的交通应用需求。

云计算和大数据在智能交通应用上具有以下几点优势：

(1)提高交通运行效率

云计算和大数据技术能促进提高交通运行效率、路网通行能力、设施效率和调控交通需求分析。交通的改善所涉及工程量较大，而大数据的大体积特性有助于解决这种困境。例如，根据美国洛杉矶研究所的研究，通过组织优化公交车辆和线路安排，在车辆运营效率增加的情况下，减少46%的车辆运输就可以提供相同或更好的运输服务。伦敦市利用大数据来减少交通拥堵时间，提高运转效率。当车辆即将进入拥堵地段，传感器可告知驾驶员最佳解决方案，这大大减少了行车的经济成本。大数据的实时性使处于静态闲置的数据在被处理和需要利用时即可被智能化利用，使交通运行得更加合理。大数据技术具有较高预测能力，可以降低误报和漏报的概率，随时针对交通的动态性给予实时监控。因此，在驾驶者无法预知交通的拥堵可能性时，大数据亦可帮助用户预先了解。例如，在驾驶者出发前，大数据管理系统会依据前方路线中导致交通拥堵的天气因素，判断避开拥堵的备用路线，并通过智能手机告知驾驶者。

(2)提高交通安全水平

主动安全和应急救援系统的广泛应用有效改善了交通安全状况，而大数据技术的实时性和可预测性则有助于提高交通安全系统的数据处理能力。在驾驶员自动检测方面，驾驶员疲劳视频检测、酒精检测器等车载装置将实时检测驾驶员是否处于警觉状态，行为、身体与精神状态是否正常。同时，联合路边探测器检查车辆运行轨迹，大数据技术能快速整合各个传感器数据，构建安全模型后综合分析车辆行驶安全性，从而有效降低交通事故发生的可能性。在应急救援方面，大数据以其快速的反应时间和综合的决策模型，为应急决策指挥提供辅助，提高应急救援能力，减少人员伤亡和财产损失。

(3)提供环境监测方式

大数据技术在减轻道路交通堵塞、降低汽车运输对环境的影响等方面有重要的作用。通过建立区域交通排放的监测及预测模型，共享交通运行与环境数据，建立交通运行与环境数据共享试验系统，大数据技术可有效分析交通对环境的影响。同时，分析历史数据，大数据技术能提供降低交通延误和减少排放的交通信号智能化控制的决策依据，建立低排放交通信号控制原型系统与车辆排放环境影响仿真系统。

2)改变传统交通管理的路径

社会经济的快速发展促使机动车辆的数量大幅增加，传统的交通系统难以满足当前复杂的交通需求，交通堵塞成为棘手问题。利用云平台架构下的大数据技术可促进交通管理模式的变革。其对传统交通的改变主要集中在以下几方面：

第一，云平台架构以及大数据的虚拟性可以解决跨越行政区域的限制。行政区域的划分在促进各区域管理的同时，也导致了区域内利益最大化等问题，包括地方政府之间边界区的交通基础设施建设、过境交通线路建设不足等问题。交通大数据的虚拟性有利于其信息跨越区域管理，只要多方共同遵照相关的信息共享原则，就能在已有的行政区域下解决跨区域管理问题。

第二，大数据具有信息集成优势和组合效率的特点。我国大部分城市的各类交通运输管理主体分散在不同主管部门，呈现出条块分割的现象。涉及交通的"有关部门"超过10个，每个部门都有自己的信息化系统，但这些数据信息只存在于垂直业务和单一应用中，与邻近业务系统缺乏互通联动。这种分散造成交通管理的碎片化，如交通信息分散、信息内容单一等问题。大数据有助于建立综合性立体的交通信息体系，通过将不同范围、不同区域、不同领域的"数据仓库"加以综合，构建公共交通信息集成利用模式，发挥整体性交通功能，这样才能发现新价值，带来新机会。例如，气象、交通、保险部门的数据结合起来，可高效率地研究交通领域防灾减灾；集成电路卡（Intergrated Circuit Card，IC卡）数据结合抽样调查，能更快捷、精确地测得城市交通流分布状况。

第三，大数据的智能性可以较好地配置交通资源。传统的交通管理主要依靠人工的方式进行规划和管理，难以实现交通的动态化管理。通过对大数据的分析处理，可以辅助交通管理制定出较好的统筹与协调解决方案。一方面减少各个交通运输部门运营的人力和物力，另一方面可有效提升交通资源的利用。如根据大数据结果确定多模式地面公交网络高效配置和客流组织方案，多层次地面公交主干网络绿波通行控制以及交通信号自适应控制。

第四，大数据的快速性和可预测性能提升交通预测的水平。用传统的思维来改善交通拥堵，一般是加大基础设施投入，即加宽道路、增加道路里程来提高交通通行能力，但这种做法不仅会受到土地资源的限制，而且规划的方案是否能满足远景需要也有待商榷。在对各个部门的数据进行准确提炼和构建合适的交通预测模型后，可以有效模拟交通未来运行状态，验证技术方案的可行性。而在实施交通预测领域，大数据的快速信息处理能力，对于车辆碰撞、车辆换道、驾驶员行为状态检测等实时预测也有非常高的可靠性。

3）云计算技术在交通领域的应用方向

针对物联网智能处理技术在现代交通运输行业中的应用需求，交通云平台需开展以下关键技术的研究：

（1）交通运输物联网海量数据云存储技术

云存储是一个以数据存储和管理为核心的云计算系统，指通过集群应用、网格技术或分布式文件系统等功能，将网络中大量不同类型的存储设备通过应用软件集合起来协同工作，共同对外提供数据存储和业务访问功能的一个系统。其为物联网发展提供了低成本的海量数据存储和计算能力，构建交通运输物联网的海量数据云存储系统。

(2)交通运输物联网多源数据融合技术

交通运输物联网中,来自不同网络、不同子系统的海量异构数据需要进行统一的处理及存储。这就要求数据处理机制能融合多网、多源、异构的海量数据,能完成对来自多个网络、异构信息源的数据进行自动检测、关联、相关、估计及组合等处理。研究数据融合技术,需要建立统一的层次化表达数据结构和本体标注,为多网、多源的交通运输物联网信息的融合提供标准的格式。主要研发应用点包括:数据共享、传播和协作算法与规则的研究、交通对象互操作分析处理技术、多源交通信息融合、交通信息在线估计等。

(3)交通运输物联网并行数据挖掘与服务技术

交通运输物联网数据的产生、采集过程具有实时不间断的特征,随时间的变化,数据量不断增长,具有潜在无限性。因此,交通运输物联网中,数据挖掘需要从传统意义上的数据统计分析、潜在模式发现与挖掘,逐步转向基于云计算的并行数据挖掘与服务,以期满足交通运输物联网信息资源开发、系统协调运行以及隐私安全保护等全方位的数据需求。主要研发应用点包括:交通运输物联网多层数据挖掘模型和分布式数据挖掘模型、交通事件过滤和检测技术、数据挖掘隐私防护技术、交互式可视化数据挖掘技术、基于约束的数据挖掘技术等。

(4)交通运输物联要素虚拟再现技术

物联网是虚拟世界与现实世界融合的实际系统,是将现实世界实时反映到计算机世界,建立起实际物理系统的虚拟镜像,物理系统与虚拟镜像将是共存同变的,物理系统发生任何变化,虚拟镜像也随之改变。要实现信息与物理系统的综合仿真,需要建立信息系统和物理系统的统一模型。交通虚拟仿真技术可以做到单车级以及单路口级的微观仿真,然而却不能做到针对实时真实状况的在线仿真。同时交通仿真技术以城市智能交通系统应用仿真为主,在公路交通、水路交通中涉足较少。交通运输物联网要实现公路、水运的实时真实仿真,必须要对交通运输物联要素的虚拟再现技术进行研究。主要研究应用点包括:面向对象的交通运输物联要素建模技术、交通信息物理系统统一建模技术、交通虚实空间自动映射技术等。

(5)交通运输物联网最优化运行决策技术

交通决策支持系统是从某一领域的业务需求出发,而实现某一领域的业务的最优化,然而问题在于,交通运输系统这一链式系统往往是联动的,各个业务系统或领域之间存在相关性,因此,局部业务或系统的最优,有可能是在损失别的系统利益的基础上实现的。交通运输物联网则是站在整个交通运输系统的角度,实现整个交通运输系统运行的最优化,因此需要对交通运输物联网的最优化运行决策进行研究。主要研究应用点包括:交通运输系统最优化控制技术、交通集群智能控制技术、物流组织优化技术等。

4.7　人工智能技术

4.7.1　技术概述

1)国外人工智能技术发展情况

2016 年 10 月,美国国家科学技术委员会发布《国家人工智能研究与发展战略计划》,提出在美国的人工智能中长期发展策略中要着重研究通用人工智能。微软在 2017 年成立了通用人工智能实验室,众多感知、学习、推理、自然语言理解等方面的科学家参与其中。2019 年 2 月 11 日,美国国家科技政策办公室发布了《美国人工智能倡议》,从国家战略层面调动更多资金和资源用于人工智能研发,以应对来自“战略竞争者和外国对手”的挑战,确保美国在该领域的领先地位。2019 年 2 月 12 日,美国国防部公布《2018 年国防部人工智能战略摘要——利用人工智能促进安全与繁荣》,其中分析了美国国防部在人工智能领域面临的战略形势,阐明了国防部加快采用人工智能的途径和方法。同时期,美国国家科学技术委员会发布了《The National Artificial Intelligence Research and Development Strategic Plan:2019 update》(《2019 年国家 AI 研发战略计划》),该计划为了支持美国人工智能倡议而更新,确定了八大战略重点。其中一个战略是对人工智能研究进行长期投资,包括对交通领域的应用。

2018 年 4 月,欧盟委员会计划 2018—2020 年在人工智能领域投资 240 亿美元;2018 年 5 月,法国总统宣布实施《French Intelligence Artificielle》(《法国人工智能战略》),目的是迎接人工智能发展的新时代,使法国成为人工智能强国,人工智能的发展将特别聚焦在健康、交通、环境和国防与安全这四个优先领域;2018 年 6 月,日本发布《未来投资战略 2018》,重点推动物联网建设和人工智能的应用。

2)国内人工智能技术发展情况

2017 年 7 月,国务院印发《新一代人工智能发展规划》,明确指出新一代人工智能发展三步走战略目标,到 2030 年使中国人工智能理论、技术与应用总体达到世界领先水平;2017 年 2 月,国务院印发《“十三五”现代综合交通运输体系发展规划》,指出要充分利用人工智能等高技术的发展成果推动交通运输转型。2019 年 9 月,中共中央、国务院印发《交通强国建设纲要》,指出“推动大数据、互联网、人工智能、区块链、超级计算等新技术与交通行业深度融合”。可见从国家顶层规划方面,越来越重视人工智能,并将其作为一项基础技术渗透至各行各业,助力传统行业实现跨越式升级,提升行业效率。同时,交通也将朝智能化方向发展。

由此可见,人工智能在国内外不同领域的竞争将日益激烈,一方面国家和行业在政策上积极鼓励和不断推进人工智能技术在不同应用领域和行业的发展,建设基于人工智能技术的创新性服务、产业;另一方面人工智能技术本身的可推广性、泛化能力强等特点被应用到各行各业。

人工智能作为新一轮产业变革的核心驱动力,将进一步释放历次科技革命和产业变革积蓄的巨大能量,并创造新的强大引擎,重构生产、分配、交换、消费等经济活动各环节,形成从宏观到微观各领域的智能化新需求,催生新技术、新产品、新产业、新业态、新模式,引发经济结构重大变革,深刻改变人类生产生活方式和思维模式,实现社会生产力的整体跃升。我国经济发展进入新常态,深化供给侧结构性改革任务非常艰巨,必须加快人工智能深度应用,培育壮大人工智能产业,为我国经济发展注入新动能。

4.7.2 技术特点

1)机器学习

机器学习是一门多领域交叉学科,涉及概率论、统计学、逼近论、凸分析、算法复杂度理论等多门学科,专门研究计算机怎样模拟或实现人类的学习行为,以获取新的知识或技能,重新组织已有的知识结构使之不断改善自身的性能。随着技术发展和应用,机器学习算法分为经典算法和深度学习。按照训练样本提供的信息以及反馈方式的不同,将机器学习算法分为监督学习、无监督学习和半监督学习以及强化学习。深度学习模型的发展可以追溯到1958年的感知机(Perceptron)概念,1943年神经网络出现,包括卷积神经网络(Convolutional Neural Network,CNN)、循环神经网络(Recurrent Neural Network,RNN)等。

2)计算机视觉

计算机视觉(computer vision)是一门研究如何使机器“看”的科学,进一步说,就是指用摄影机和计算机代替人眼对目标进行识别、跟踪和测量等机器视觉,并进一步做图形处理,使电脑处理的图形更适合人眼观察或传送给仪器检测,即依靠智能化的计算机去实现对客观存在的三维立体化世界的理解以及识别。确切地说,计算机视觉技术就是利用了摄像机以及计算机替代人眼使得计算机拥有人类的双眼所具有的分割、分类、识别、跟踪、判别决策等功能。计算机视觉本身包括了诸多不同的研究方向,比较基础和热门的方向包括:物体识别和检测(Object Detection),语义分割(Semantic Segmentation),运动和跟踪(Motion & Tracking),视觉问答(Visual Question & Answering)等。

3)自然语言处理

自然语言处理是指用计算机对自然语言的形、音、义等信息进行处理,即对字、词、句、篇章的输入、输出、识别、分析、理解、生成等的操作和加工,具体表现形式包括机器翻译、文本摘要、文本分类、文本校对、信息抽取、语音合成、语音识别等。自然语言处理用来描述真实世界中存在的各种实体和概念,以及他们之间的强关系。

4)语音识别

语音识别是让机器识别和理解说话人语音信号内容的新兴学科,目的是将语音信号转变为文本字符或者命令的智能技术,利用计算机理解说话人的语义内容,使其听懂人的语音,从而判断说话人的意图,是一种非常自然和有效的人机交流方式。它是一门综合学科,与很多学科紧密相连,比如语言学、信号处理、计算机科学、心理学和生理学等。语音识别首先要对采集的语音信号进行预处理,然后利用相关的语音信号处理方法计算语音的声学参数,提取相应的特征参数,最后根据提取的特征参数进行语音识别。

4.7.3 交通领域应用

1)交通智能管理应用情况

基于人、车、路等交通关键因素,构建基于大数据的交通智能化管理决策平台,将语音识别、图像识别等技术应用于道路基础设施、交通辅助设备等,实现全域路网综合信息采集、运营调度、公众信息服务、应急指挥等功能,全面提升交通通行率,保障出行安全。例如,烽火通信科技公司联合江汉大学基于图像识别技术,利用大数据信息处理与分析能力,研制了"Easy Go"智慧信号灯解决方案。北京汉王、上海高德威等公司采用图像识别技术、运用检测技术,通过机动车图像抓拍、车辆号牌识别获取车辆数据信息,构建智能违法监控系统。

(1)路网运行态势分析及预测

分析公路的交通运行状态,掌握其变化规律与特点,可以为公路的交通管理与规划提供理论依据。公路的微观交通状态评价把基本路段作为研究对象,通过选取指标、构建指标体系并采用动态综合评价方法得到评价结果,进而直观、全面地反映高速公路基本路段的运行情况以及变化趋势。

在当前公路建设继续高速发展的背景下,研究基于大数据的路网运行态势研判对高速公路网的运行、交通规划和管理有重要的意义。通过最大熵模型的路网运行态势研判方法和基于聚类算法的高速公路流量特征判别技术研究,实现基于模态转移的路网运行态势研判技术；通过基于长短时递归神经网络的交通参数预测和考虑时空特性的大规模路网演化预测技术研究，实现基于深度学习的路网运行态势研判技术研究；通过大规模快速动态交通仿真关键技术和运行态势在线推演技术研究，实现基于仿真的路网运行态势研判技术。

(2)交通流量预测

基于人工智能的交通流预测模型的出现，使得对于具有很强非线性特征的交通数据的处理进入了一个崭新的发展阶段，这些模型可以在自学习的训练过程中，以自适应调整模型参数的方法获取道路交通流数据的输入特征来达到更优的预测效果。这种预测模型主要有神经网络预测模型和支持向量机预测模型，由于交通流的非线性变化特征，无法用一个非线性方程来准确描述道路交通流随时间变化曲线，而神经网络比较善于对非线性变化曲线进行拟合，通过构造某种函数关系，然后建立神经网络模型拟合函数，进而表示他们之间的映射关系，最后对该时间序列的未来值进行预测。神经网络预测模型具有自适应、自学习等特征，对于外界其他影响因素的抗干扰能力很强，能够很好地适应于道路交通流量的预测，但是该预测模型还有不足，即在网络学习训练的过程中，需要大量的输入数据样本，并且不同参数的设置没有相应的理论支撑，训练规程中存在局部最优和收敛速度慢的缺陷。支持向量机模型在小样本交通数据处理中具有较好的泛化能力，但是对于大量交通数据的分析和处理存在计算复杂度高等缺点。

2)交通事件应急处置应用情况

实现事件实时接入，自动定位、资源关联、辅助处理、全链路跟踪的 AI 指挥调度应用；一键护航技术、特种车辆信号优先、接入各类数据进行预处理，为优先车辆进行路径规划，实现车辆快速通行需求与路口信号间联动。

伴随着机动车保有量的逐年增长，交通拥堵问题越发突出，其中由交通事件所导致的交通拥堵是最常见的。交通事件指的是发生时间、地点等没有规律性，常常为偶发性的事件，且发生时会对某段道路通行能力产生影响。交通事件主要包括交通事故、车辆故障、货物溢出、道路临时维修等。建立完善的公路交通事件检测系统，有助于及时、有效地解决交通事件、保证通行秩序、减少延误和环境污染，对于提高道路通行效率来说大有裨益。检测算法是交通事件检测系统的核心，良好的交通事件检测算法能及时、准确地判定事件发生与否，进而及时反馈给相关部门进行处理。

3)物流管理应用情况

汽车和货物匹配方面存在困难，资源配置效率低下。具体来说，在需求方面，寻找汽车时经常遇到困难。利用人工智能技术建立新的货运匹配平台，根据货源建立数字货运平台,低成本获取社会容量。针对地区的非车辆市场,结合货运平台上的社会订单,提高装配成功率和装车率,使车源和货源在各自的资源和社会资源之间得到有效的分配。建立区域性分销产品的成本优势,进一步关注同一城市的商品供给,利用人工智能背后强大的业务逻辑和算法,帮助物流企业凭借自身的批量优势,建立同城配送产品的成本优势。

人工智能的核心在于准确的大数据匹配能力和动态定价机制。例如,人工智能下的物流车货匹配平台将汇集来自物流公司、社会其他平台和托运人的订单。后台将分析订单属性(例如货物类型,开始/结束点和交货时间)并将它们组合以形成系统订单。系统订单将根据实时订单/预订订单,在所有者的用户处发布。

4)道路基础设施养护应用情况

(1)基础设施运行状态识别

基础设施属性数据整合大比例尺矢量数据、高分辨率影像数据、地名地址数据、三维数据,基于增强现实与虚拟现实、数字孪生等技术实现可视化展示与分析,实现图形、图像和数据的综合分析和处理,在平台上对基础设施有关静态和动态变化的信息更新查询,满足基础设施运行状态多维度可视化、多方式可交互等需求。

(2)道路病害检测

道路病害检测机器人是专门应用于项目级道路病害调查的机器人系统,可结合道路路网级普查结果对重点区域进行路面及路基病害全覆盖精准检测。系统运动灵活,可在单车道完成掉头转弯等动作,结合高精度定位导航系统,全路段均能全自动检测。

系统搭载二维、三维视觉融合系统,以及不同频段三维探地雷达,同步采集道路表观及内部结构信息,各类型数据基于地理位置信息精确配准,结合机器学习等计算机辅助分析技术,关联道路表观与内部信息进行同屏融合分析。系统可根据需要拓展平整度、承载力等检测功能。检测结果可定制接入现有道路信息管理系统,结合 GIS、BIM 对病害进行二维、三维可视化管理。

(3)隧道内部设施及状态检测

隧道检测设备对隧道内机电设备进行检测,通过图像预处理、模式识别、纹理分析等技术,判断设备的外观是否异常。同时检测隧道内指定区域是否有异常外来物,如塑料袋、小动物等。系统通过图像预处理改变图像质量,再对指定区域进行特征提取、匹配处理分析,对有异物的区域和正常区域进行智能分类后获取识别结果。

CHAPTER FIVE

第5章

智慧高速公路建设实践

蜀道投资集团有限责任公司(以下简称“蜀道集团”)由四川省铁路产业投资集团有限责任公司和四川高速公路建设开发集团有限公司重组整合而成。作为交通强国建设试点单位、四川省平安智慧高速车路协同试点任务的试点单位,在新需求、新政策、新技术的背景下,蜀道集团聚焦智慧高速公路建设,开展了交通运输部交通强国建设试点项目成宜高速公路、蓉城二绕高速公路的智慧化建设工作。蜀道集团在智慧高速公路建设的过程中积累了丰富的工程建设经验,并取得了显著的成果。

本章在总结凝练近年来蜀道集团智慧高速公路的建设经验和研究成果的基础上,从智慧高速公路的建设架构、建设要求和工程实践等方面对智慧高速公路的建设内容进行阐述,最后介绍了成宜、蓉城二绕、峨汉智慧高速公路建设工程实例。

5.1 建设架构

本节内容主要包括智慧高速公路的服务目标、智慧高速公路建设总体架构和智慧高速公路云控平台建设架构。其中,云控平台的建设架构是以智慧高速公路建设总体架构为基础的,在设计上与智慧高速公路建设总体架构保持一致。

5.1.1 智慧高速公路的服务目标

明确智慧高速公路的服务目标对于建设框架的构建和智慧高速公路建设内容的确定非常重要。智慧高速公路的服务目标是以满足用户需求和应用场景实现为基础的,一是满足高速公路管理和服务的业务需求,实现业务目标;二是满足自动驾驶、无线通信、云计算等新技术在高速公路领域应用的需求,实现应用目标。

5.1.1.1 业务目标

(1)实现“协同运营”的业务

打破高速公路管理的多方壁垒,构建协同运营中心与可信共享体系,高效快速完成多方协同的全要素感知、决策、诱导、执行、修正与评估全流程闭环。以蜀道集团蓉城二绕智慧高速公路为例,其协同运营目标是在10s内完成多方协同的全要素感知、决策、诱导、执行、修正与评估全流程闭环。

(2)实现“数据资产”的业务

构建面向自动驾驶的“一切业务数字化”统一数据资产中台,创新全生命周期的“一切数字业务化”的多元生态数据业务新模式。提升数据业务收入占数字交通收入的占比。以蜀道集团蓉城二绕智慧高速公路为例,其数据资产业务目标是2025年数据业务

收入占数字交通收入的20%以上。

(3)实现“出行陪伴”的业务

建设“互联网+”出行一体化主动伴随式车主服务平台，提供强场景、精细化的出行服务新体验。实现基于意图的出行前、中、后信息主动服务。以蜀道集团蓉城二绕智慧高速公路为例，其出行陪伴业务目标是实现基于意图的出行前、中、后80%相关信息主动服务。

(4)实现“行车安全”的业务

降低道路事故数量，提升“零事故”天数占全年天数的占比。以蜀道集团蓉城二绕智慧高速公路为例，其行车安全业务目标是道路事故数量下降60%，“零事故”天数达到全年的50%。

(5)实现“高效通行”的业务

提升全路段通行效率，实现雾天全天候预约通行。以蜀道集团蓉城二绕智慧高速公路为例，其高效通行业务目标是全路段通行效率提升30%，实现雾天全天候预约通行，全年雾天通行天数占比达到99%。

(6)实现“运维养护”的业务

探索管理架构适应性调整，建设基于北斗定位与高精度地图的集中化智能养护与设备全生命周期管理体系，实现自动驾驶巡逻车辆与路巡机器人的常态化作业，节省道路运维养护成本。以蜀道集团蓉城二绕智慧高速公路为例，其运维养护业务目标是实现自动驾驶巡逻车辆与路巡机器人的常态化作业，节省50%道路运维养护成本。

(7)实现“产业生态”的业务

构建面向自动驾驶的多元产品与解决方案产业生态体系，研发一系列自有知识产权产品，建设车联网开放服务平台，聚集多家产业生态合作伙伴。以蜀道集团蓉城二绕智慧高速公路为例，其产业生态业务目标是建设省级车联网开放服务平台，聚焦30家以上产业生态合作伙伴。

5.1.1.2　应用目标

(1)打造运营管理服务中心

构建车路协同自动驾驶车辆通行常态化运营管理体系，打造后续可根据实际需求升级的运营管理服务中心。

(2)实现全量感知生态模式

建成全要素、全天候、全覆盖的智慧高速公路融合感知监测体系，提升路段全天候感知覆盖率，为产业生态提供实时高精度定位、动态地图、动态业务数据服务，打造数据生态服务标准业务模式。以蜀道集团蓉城二绕智慧高速公路为例，建成全要素、全天候、全覆盖的智慧高速公路融合感知监测体系，路段全天候感知覆盖率达到90%。

(3)支持安全风险监测预警

试点建设边坡与桥梁的多模态感知与智能决策系统，实现边坡与桥梁健康状态监测与安全风险预警服务。

(4)实现车道导航精准触达

具备基于北斗高精度定位与动态高精度地图的车道级服务应用能力，实现与互联网导航功能的深度服务触达。

(5)打造应急安全联动服务中心

基于全要素基础设施数字化与智能化，构建智慧高速公路桥隧安全的联勤联动一体化安全应急处置体系，打造后续可根据实际需求升级的安全联动服务中心。

(6)实现运维保障评价体系

建成全生命周期智慧养护监测与评价体系，实现设施设备数字化资产与运维一体化管理。

(7)形成数据资产服务共享

建成开放共享的车路协同云控平台，形成数字交通“建、管、运、服”的一体化“数据链”数据资产体系，为产业生态提供开放共享服务。

(8)形成标准规范复制推广

完成智慧高速公路融合通信网络覆盖的路侧基础设施优化设计，形成具有大规模复制的智慧高速公路标准化设计，减少割裂、重复建设的成本与维护费用。

5.1.2 智慧高速公路建设架构

5.1.2.1 设计原则

智慧高速公路建设架构设计过程中，应遵循先进实用性、安全可靠性、开放共享性、前瞻扩展性、充分复用性五项设计原则。

(1)先进实用性

为保证智慧高速公路系统设计符合信息技术发展趋势以及可持续发展需求，系统架构以系统工程和软件工程方法为基础，选择新一代成熟可靠的技术架构，结合大数据和云计算技术进行设计，使系统满足当前和长远的业务发展需求。力求应用系统易操作、易维护、易改造、易升级，同时在硬件设备上选择国内外先进、性价比高的产品，确保系统长期运行稳定可靠。

(2)安全可靠性

安全可靠性是系统设计的关键环节，需通过严密的权限操作机制、完善的安全控制机制、可靠的备份恢复策略、有效的监控管理手段和快速的故障处理措施来保障系统安全。为保证系统数据安全和应用稳定，必须始终将安全可靠性贯穿于整个系统设计过程中。

(3)开放共享性

为保证智慧高速公路系统能够与其他交通行业的应用系统灵活对接、数据共享，系统应具有良好的开放性，提供开放统一的交换和应用接口。

(4)前瞻扩展性

系统的业务体系架构和应用软件体系结构要有前瞻性，不仅仅要满足近期需求，还应充分考虑中远期管理和服务需求，满足智慧高速公路新业务和新需求的扩展要求。

(5)充分复用性

系统架构设计应充分考虑复用现有高速公路信息化建设成果，利用现有平台资源、外场设备资源。为保证数据共享和模块复用的可靠性，减少建设过程的技术难度，系统开发过程应充分考虑已有系统的技术架构，保证技术开发工作的延续性和兼容性。

5.1.2.2 设计依据

智慧高速公路建设架构设计过程中，应以国家、交通运输部、省(区、市)相关法规、标准，以及智慧公路发展相关规划、行业政策法规、实施意见和制度规范等作为依据。以蜀道集团蓉城二绕智慧高速公路为例，其设计依据如下。

(1)政策法规及相关文件

《智能汽车创新发展战略》(发改产业〔2020〕202 号)；

《交通强国建设纲要》(国务院 2019 年第 28 号)；

《新一代人工智能发展规划》(国发〔2017〕35 号)；

《促进大数据发展行动纲要》(国发〔2015〕50 号)；

《交通运输部关于推动交通运输领域新型基础设施建设的指导意见》(交规划发〔2020〕75 号)；

《数字交通发展规划纲要》(交规划发〔2019〕89 号)；

《推进综合交通运输大数据发展行动纲要(2020—2025 年)》(交科技发〔2019〕

161 号)；

《交通运输部关于公布第一批交通强国建设试点单位的通知》(交规划函〔2019〕738 号)；

《交通运输部办公厅关于做好部省视频监测系统(客户端)整改升级工作的通知》(交办公路函〔2019〕676 号)；

《全国高速公路视频联网监测工作实施方案》(交办公路函〔2019〕1659 号)；

《关于促进交通运输与旅游融合发展的若干意见》(交规划发〔2017〕24 号)；

《交通运输部关于全面深入推进绿色交通发展的意见》(交政研发〔2017〕186 号)；

《关于推进交通运输行业数据资源开放共享的实施意见》(交办科技〔2016〕113 号)；

《交通运输部关于进一步提升高速公路服务区服务质量的意见》(交公路发〔2014〕198 号)；

《关于加快推进数字经济发展的指导意见》(川府发〔2019〕20 号)。

(2)标准规范

《公路工程技术标准》(JTG B01—2014)；

《公路工程节能规范》(JTG/T 2340—2020)；

《公路网运行监测与服务暂行技术要求》(交通运输部,2012 年第 3 号公告)；

《高速公路通信技术要求》(交通运输部,2012 年第 3 号公告)；

《高速公路监控技术要求》(交通运输部,2012 年第 3 号公告)；

《高速公路交通工程及沿线设施设计通用规范》(JTG D80—2006)；

《高速公路信息通信系统联网技术要求》(JT/T 918—2014)；

《公路通信及电力管道设计规范》(JTG/T 3383-01—2020)；

《公路交通安全设施设计规范》(JTG D81—2017)；

《信息安全技术　网络安全等级保护基本要求》(GB/T 22239—2019)；

《信息安全技术　网络安全等级保护测评要求》(GB/T 28448—2019)；

《信息安全技术　网络安全等级保护安全设计技术要求》(GB/T 25070—2019)；

《公路数据库编目编码规则》(JT/T 132—2014)；

《交通信息基础数据元　第 1 部分:总则》(JT/T 697.1—2013)；

《交通信息基础数据元　第 2 部分:公路信息基础数据元》(JT/T 697.2—2014)。

5.1.2.3　业务架构

云控平台作为智慧高速公路的核心平台,向下对接路侧感知、通信设备,交通诱导控制设备、高精度定位设备以及边缘计算设备，实现数据集成及各类应用；向上对接上层大数据中心，实现与高速公路管理部门、运营企业的数据融合共享。以蜀道集团蓉城二绕智慧高速公路为例，智慧高速公路车路协同业务架构及其与实体业务架构的关系如图5-1所示。

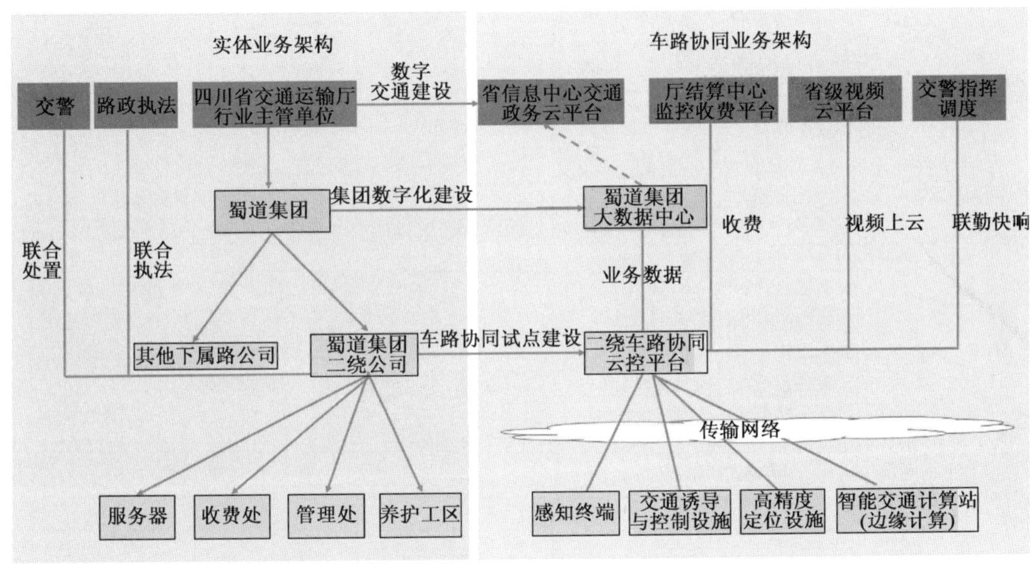

图5-1 智慧高速公路车路协同业务架构及其与实体业务架构关系示意图

5.1.2.4 系统架构

智慧高速公路系统架构设计既需要满足车路协同自动驾驶等创新性应用的先进性要求，也要满足交通运输安全、便捷、绿色、经济的要求。

以蜀道集团蓉城二绕智慧高速公路为例，其构建了包括“123456”六大模块的智慧高速公路系统总体架构，模块1为标准的车路协同路侧设施，模块2为云控平台，模块3为基础服务，模块4为智能中台，模块5为应用系统，模块6为业务场景。蓉城二绕智慧高速公路建设内容根据高速公路管理和服务近远期需求，分为近期建设内容和远期建设内容。近期建设内容为1套标准路侧设备、2套云平台、3项基础服务、4个智能中台、5大应用系统、6大业务场景。以近期建设内容为基础，远期建设内容为：全面提升车路协同路侧设备设施标准；4个智能中台完善为6个智能中台，全面打造“出行中枢”；5大应用系统完善为10大应用板块，实现“建、管、养、运、服”全生命周期一体化提效；6大业务场景完善为10大业务场景，实现数字交通全面的“共享生态”服务与业务模式变革。蓉城二绕智慧高速公路系统总体架构如图5-2所示。

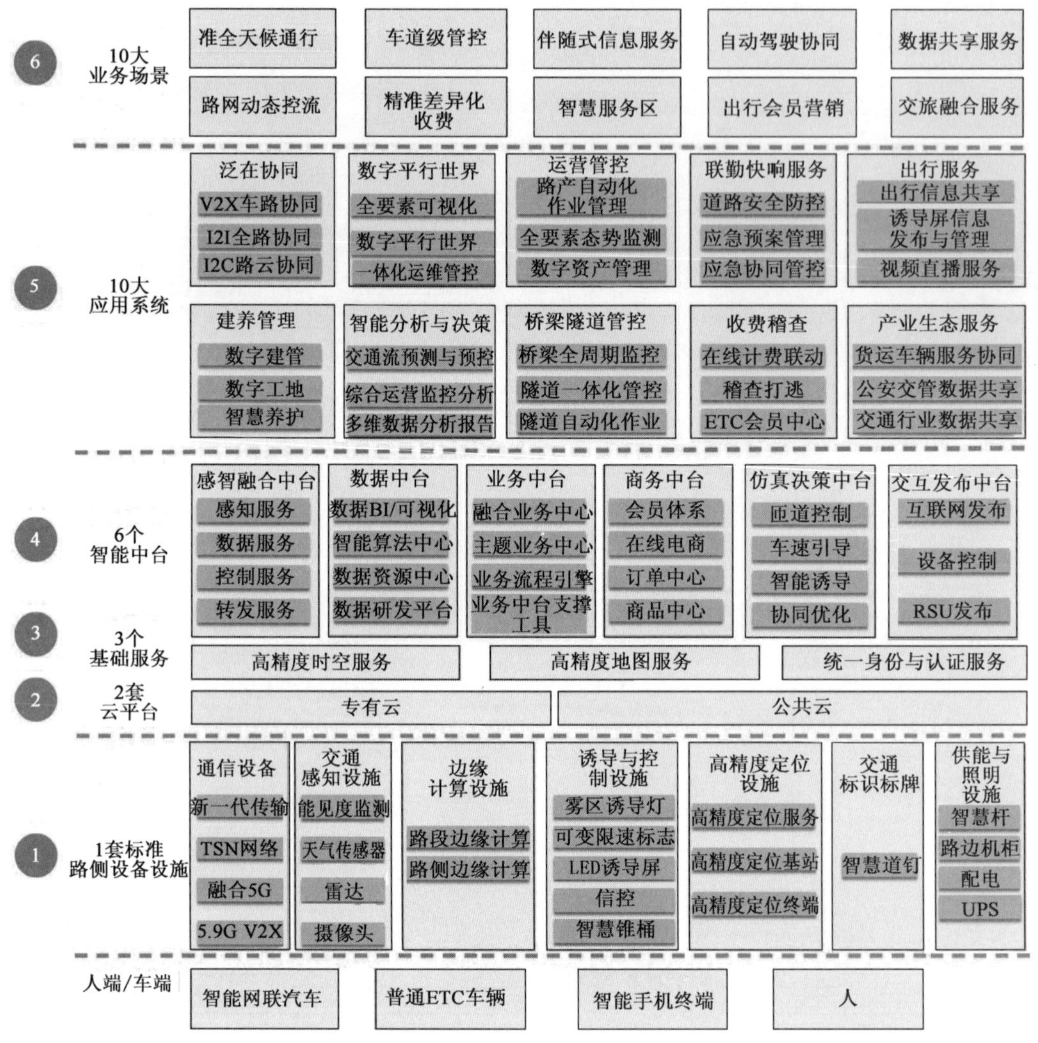

图 5-2 智慧高速公路系统总体架构

5.1.2.5 物理架构

智慧高速公路物理架构描述了实际高速公路物理系统中各部分的功能和相互关系，物理架构具有层次性。

以蜀道集团蓉城二绕智慧高速公路为例，其分为 L0、L1 两级物理架构。L0 级物理架构包括中心端、路侧端、人/车端，中心端包括云控平台、高精度地图、产业互联网平台，路侧端包括定位设施、通信设施、交通标志标线、交通控制与诱导设施、交通感知设施、路侧计算设施、供能与照明设施，人/车端包括自动驾驶车辆、手机 App。蓉城二绕智慧高速公路 L0 级物理架构如图 5-3 所示。

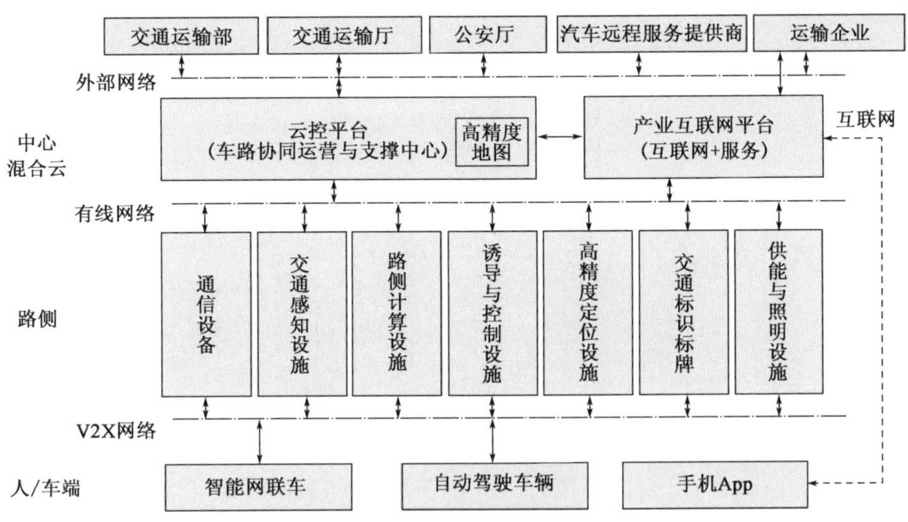

图 5-3　蓉城二绕智慧高速公路系统 L0 级物理架构

以蓉城二绕智慧高速公路 L0 级架构为基础，详细描述智慧高速公路各子系统功能，形成蓉城二绕智慧高速公路 L1 级物理架构如图 5-4 所示。蓉城二绕智慧高速公路 L1 级物理架构中系统和子系统描述见表 5-1。

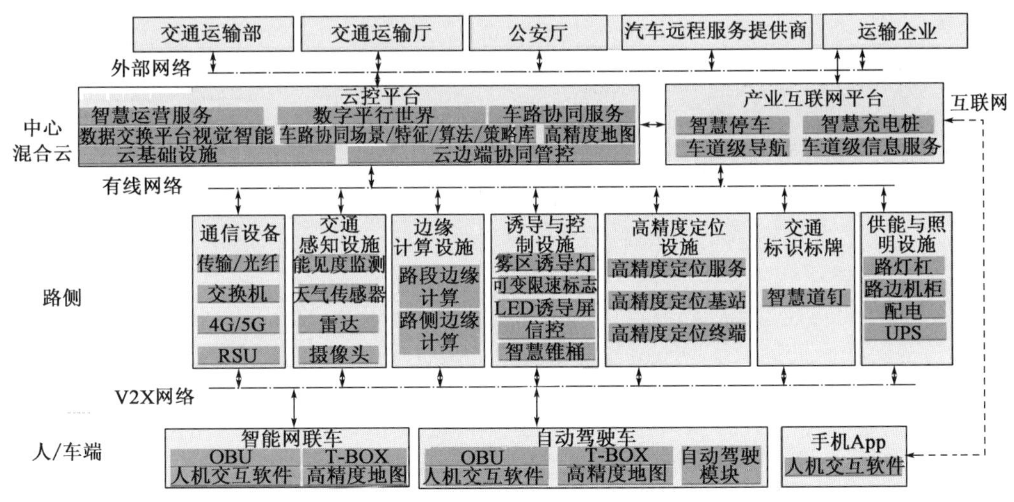

图 5-4　智慧高速公路 L1 级物理架构

蓉城二绕智慧高速公路 L1 级物理架构中系统和子系统描述　　表 5-1

系　统	子　系　统	描　　述
中心混合云系统	云控平台	该子系统具备智慧运营、数字平行世界、车路协同、数据交换、视觉智能、车路协同场景/特征/算法/策略库、高精度地图、云基础设施、云边端协同管控等功能

续上表

系　统	子　系　统	描　　述
中心混合云系统	产业互联网平台	该子系统具备智慧停车、智慧充电桩、车道级导航、车道级信息服务等功能
路侧系统	通信子系统	通信子系统包括有线通信和无线通信,无线通信包括但不限于4G/5G 通信,通信子系统中还包括路侧通信设施 RSU 及交换机等。通信子系统具备车—路—中心信息传输功能
	感知子系统	感知子系统具备交通运行状态感知、交通事件感知、交通气象状态感知等功能
	计算子系统	计算子系统是指高速公路沿线计算子系统即边缘计算
	诱导与控制子系统	诱导与控制子系统包括 LED 诱导屏、可变限速板、雾区诱导灯、信号控制等,具备高速公路交通运行诱导与控制功能
	定位子系统	定位子系统包括定位基站和定位终端,具备提供动态厘米级、静态毫米级高精度定位服务功能
人/车端系统	智能网联车	智能网联车包括车载 OBU、车载 T-BOX、人机交互软件、车载高精度地图等
	自动驾驶车	自动驾驶车包括车载 OBU、车载 T-BOX、人机交互软件、车载高精度地图和自动驾驶模块等
	手机 App	手机 App 具有人机交互软件

5.1.3　智慧高速公路云控平台架构

5.1.3.1　设计目标

智慧高速公路云控平台设计目标是借鉴国内外先进的交通信息化、智能化建设经验,结合高速公路特点,充分利用云计算、大数据、人工智能、数据中心等信息技术发展成果,在高速公路的管理运营养护服务全方面提升信息化、智慧化水平,从传统“可测、可视、可控、可服务”的信息化高速公路发展到“实时监测预警、业务协同共享、精准化决策支撑、精细化服务管理”的智慧高速公路。

通过建设智慧高速公路云控平台,建立云计算基础设施,部署大数据平台和分析工具集,形成安全可靠、运行高效、数据完备、运行稳定的支撑平台;在此基础上,开发和部署适用于高速公路的大数据业务应用系统,形成应用服务平台;完成运营管理、养护管理、办公管理、公众服务等应用系统的集成,实现流程标准化、管理专业化、运维精细化、服务便民化和运作市场化,全面提升高速公路的管理和服务水平,有效促进科学、健康、可持续发展。

5.1.3.2　设计原则

智慧高速公路云控平台架构设计过程中，应遵循顶层设计、分步实施，需求导向、注重实效，业务协同、信息共享，技术引领、资源集约，注重标准、保障安全五项设计原则。

(1)顶层设计、分步实施

紧密围绕提升智慧高速公路建设、管理、服务水平的总体目标，从建设内容、技术路线和实施方式三个方面统筹考虑智慧高速公路云控平台总体架构，明确工作路线图和时间节点，分期、分批实施，逐步实现智慧高速公路云控平台构建内容。

(2)需求导向、注重实效

坚持需求导向和目标导向，通过创新体制机制和信息化技术，着重解决智慧高速公路云控平台建设、管理、服务过程中的热点、难点、痛点问题，注重智慧高速公路云控平台建设内容的可落地和可操作性。

(3)业务协同、信息共享

打破传统系统孤立管理模式，充分利用整合 IT 设施、数据资源，做到信息化基础设施共建、数据资源共享，监控设施互通，实现全路网的可视、可测、可控及可服务。

(4)技术引领、资源集约

充分利用移动互联网、云计算、大数据、物联网、人工智能等新一代网络信息技术，与应用业务的深度融合，确保技术功能的先进性、互补性和实用性。充分利用已建、在建的各类信息化资源，统一架构，集约建设，避免浪费。

(5)注重标准、保障安全

注重智慧高速公路云控平台的信息化标准规范建设工作，充分发挥各类标准规范对技术融合、业务融合、数据融合的引领和支撑作用。全面落实信息安全等级保护制度，切实防范、控制和化解可能产生的风险，增强安全保障能力。

5.1.3.3　建设内容

智慧高速公路云控平台建设内容包括以下几个方面：

(1)数字化的要素资源

建设智慧高速公路数字化业务要素。在遵循上级政府管理部门数据资源体系建设标准的基础上，强化高速公路现有路政、养护、收费、监控、应急、服务、资产、安全、人事、办公自动化(Office Automation，OA)、财务等业务要素数字化建设。

(2)智慧化的路网监测

建立适宜的运行监测数据指标体系。通过路网感知、专公结合、车路协同、路网诱导等信息化技术手段,提高路网监管水平和协调联控。

(3)协同化的部门管理

健全信息资源共享与更新机制。实现核心业务(建设、养护、管理、服务、安全)的跨部门互联互通,将业务统计信息及时地推送至交通运输主管部门。

(4)多样化的信息服务

通过多种途径提供伴随式信息服务。通过手机App、互联网站、电视、可变信息标志以及交通服务热线(“四屏一热线”),向社会公众提供全程、实时、个性化的交通出行信息服务。

(5)智能化的发展决策

强化大数据分析技术在路网监测、公路养护、收费稽查、资产管理、安全监管等业务方面的应用。

5.1.3.4 技术架构

传统高速公路监控系统采用“烟囱式”系统,即每个子系统单独使用一套服务器、一套存储设备和一套数据库,不同的子系统之间数据共享非常困难,不同系统之间无法形成联动,效率也不高。这种架构对于高速公路信息化、数字化、网络化发展造成了不利影响。

智慧高速公路云控平台技术架构,充分利用云计算、大数据、人工智能等先进信息技术,以数据融合资源池为核心,将业务应用建立在共同的数据层之上,打破了各系统之间的障碍,避免高速公路传统“烟囱式”系统带来的数据共享困难等弊端,推动高速公路由“管理型”向“服务型”的转变。同时,各地交通运输管理部门、省政府等应广泛征集交通、公安、气象、通信、国土资源等部门的意见,整合各方需求及资源,建立多部门协作机制,通过云计算、物联网、人工智能等新一代互联网技术,集中海量数据跨行业、跨部门共享,实现对高速公路透彻全面、实时智能的感知或趋势预测,实现基础设施、生产组织、运输服务、监管执法、应急处置的可视化、智能化和精准化,提升高速公路建设管理法制化、智能化、专业化水平。

以蜀道集团蓉城二绕智慧高速公路为例,其按照交通运输部《数字交通发展规划纲要》的总体要求,结合地方智慧高速公路的体系架构,设计了“六层三体系”的智慧高速公路云控平台总体技术架构,横向“六层”自底到顶依次是:基础设施层、计算资源层、数据资源层、应用支撑层、业务应用层、门户层;纵向“三体系”分别是:信息安全体系、标准化体系、管理体系。蓉城二绕智慧高速公路云控平台总体技术架构如图5-5所示。

图5-5　蓉城二绕智慧高速公路云控平台总体技术架构示意图

(1)基础设施层

基础设施层由设置在高速公路路段的数据采集设施、信息发布设施、通信设施、电力设施和其他设施组成,实现数据采集服务、信息发布服务、通信服务、电力服务和其他支撑服务。

(2)计算资源层

计算资源层负责提供计算和存储服务,应采用云计算技术架构,包括硬件设施子层、虚拟化和资源池化子层以及资源调度和管理自动化子层。硬件设施子层应包括服务器主机、存储、网络及其他硬件设备;通过虚拟化技术,对硬件设施进行整合,实现对资源的池化管理(包括网络资源池、计算资源池、存储资源池等),形成虚拟化和资源池化子层;在对资源有效监控、管理的基础上,提供弹性计算、负载均衡、按需供给、自动化部署等功能,形成资源调度和管理自动化子层。

(3)数据资源层

数据资源层负责提供数据汇集、数据融合、数据管理和数据配送服务。利用大数据技术,实现多类型、多来源、大量数据的充分融合,保证数据的正确性、一致性和时效性。实现数据资源化,形成数据仓库和数据集市。

(4)应用支撑层

应用支撑层为智慧高速公路业务应用软件提供必要的开发工具、管理工具、分析工具、工程设计工具以及其他的工具服务。

(5)业务应用层

业务应用层是建立在融合数据基础上,利用统一的支撑工具,生产出适应现代管理要求的运行监测、养护管理、应急处置、办公等业务应用。

(6)门户层

门户层面向公众或内部用户提供信息服务门户,包括微信/微博/QQ 公众号、App、网站以及信息标志大屏等信息发布设施。

(7)标准化体系

标准化体系是系统顺利实施和有效集成的重要手段和必要条件,包括框架体系标准化、产品标准化和接口标准化等。

(8)信息安全体系

信息安全体系是智慧高速公路安全稳定运行的重要保障和必要条件,构建统一的安全平台,实现统一入口、统一认证和统一授权等功能,使智慧高速公路生产流程中的信息共享在受控和受保护的情况下进行。

(9)管理体系

管理体系包括管理制度、安全管理机构、人员安全管理、系统建设管理和系统运维管理。

5.2 建设要求

基于智慧高速公路物理架构,本节详细介绍智慧高速公路系统的主要建设要求,包括智能基础设施、运载工具和云控平台的建设要求。

5.2.1 智能基础设施

智能基础设施建设内容包括交通感知设施、交通诱导与控制设施、边缘计算设施、网络通信设施、高精度定位设施,以及智能基础设施的部署方案、设施设备的功能和性能要求。智能基础设施之间的关系如图 5-6 所示。

5.2.1.1 交通感知设施

智慧高速公路构建全天候、全要素的感知体系,交通感知设施包括视频感知设施、雷达感知设施、气象感知设施等。

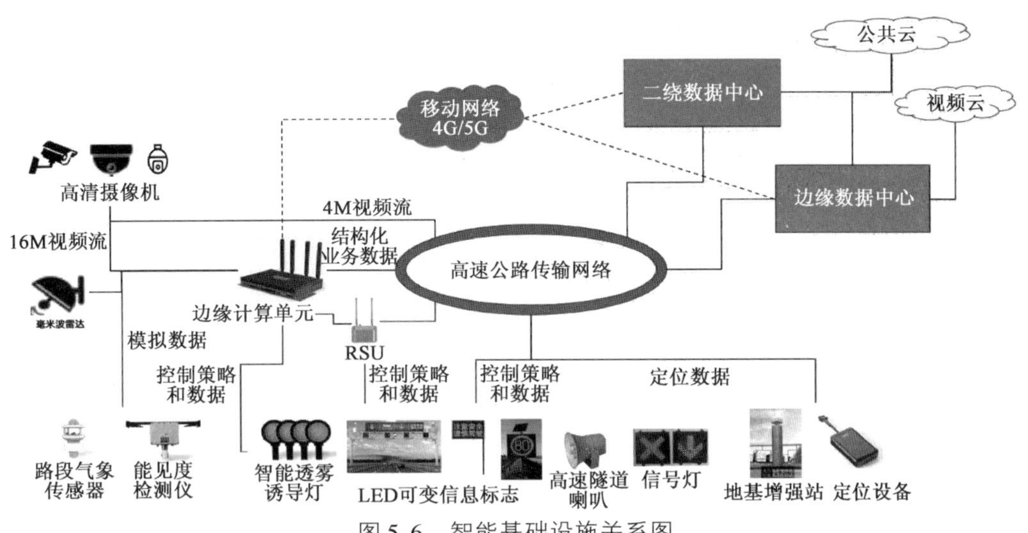

图 5-6　智能基础设施关系图

以蜀道集团蓉城二绕智慧高速公路为例，其交通感知设施安装在单杆上，通过合理部署方案，实现高速公路交通感知全天候、空间全覆盖。部署方案为单杆以 800m 间距部署在高速公路中央分隔带内，单杆挂装设备包括：2 个枪式摄像机（简称“枪机”）、1 个球形摄像机（简称“球机”）、1 个鱼眼摄像机、2 个毫米波雷达。其中鱼眼摄像机覆盖道路范围为 5 ~ 75m、枪式摄像机覆盖道路范围为 75 ~ 500m、毫米波雷达覆盖道路范围为 75 ~ 350m、鱼眼摄像机按实际业务需求进行调控。蓉城二绕智慧高速公路单杆挂装设备及各设备覆盖范围如图 5-7 所示。

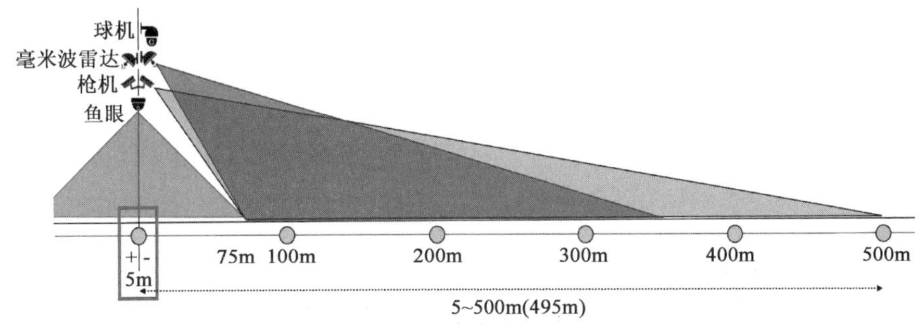

图 5-7　蓉城二绕智慧高速公路单杆感知设备挂装及覆盖范围

1）视频感知设施的建设要求

本部分以蜀道集团蓉城二绕智慧高速公路为例，详细介绍视频感知设施、雷达感知设施和气象感知设施的建设要求。

（1）视频感知设施的技术要求

智慧高速公路使用数字摄像机采集视频图像，视频感知设施（摄像机）应满足的技术要求见表5-2。

视频感知设施技术要求 表5-2

序号	类　别	技术要求
1	视频压缩标准	至少支持H.264以及H.265
2	分辨率	球形摄像机编码图像至少应支持400万以上的分辨率,应采用高倍率变焦镜头,不低于30倍变焦,应支持陀螺仪防抖,降低画面抖动,使图像稳定清晰
3		枪式摄像机编码图像至少应支持800万以上分辨率,有条件的应支持1200万以上的分辨率
4		鱼眼摄像机编码图像至少应支持600万以上的分辨率
5	编码帧率	应不小于25帧/s,并可调整、支持跳帧编码
6	图像信噪比	≥50dB
7	输出码率	能在4~16Mb/s之间自适应调整;在带宽不足情况下,应支持图像质量优先(清晰度优先)或帧率优先(流畅优先)可调
8	扫描编码	应支持逐行扫描编码,宜支持隔行扫描编码
9	输出	至少能支持双码流的输出,其中主码流为高清视频压缩码流,次码流为标清视频压缩码流
10	标准协议	网络摄像机应支持现行GB/T 28181、ONVIF标准协议
11	防护等级	IP66
12	网络带宽	每路视频监控摄像机独立带宽不应小于视频流码率两倍

(2)视频感知设施的安装要求

在高速公路中央分隔带单杆上安装视频摄像机,单杆安装设备至少包括球形摄像机、枪式摄像机、鱼眼摄像机。安装场所尽量避开绿化树木或有其他遮挡物体,安装高度和俯仰角度宜参照表5-3,单杆安装视频设备空间覆盖范围如图5-8所示。

视频感知设施安装要求 表5-3

序号	类　别	技术要求
1	球形摄像机	安装在终端设备最上方,满足云台360°旋转需求,支持监控人员按需调控,架设高度应为10~12m
2	枪式摄像机	全时监控,覆盖中距离感知范围,不受人为因素影响检测,分别朝向来/去向车流行驶方向,俯视安装,架设高度应为10~12m
3	鱼眼摄像机	全时监控,覆盖近距离感知范围,不受人为因素影响检测,俯视安装,位置在观测杆正下方,架设高度应介于10~12m

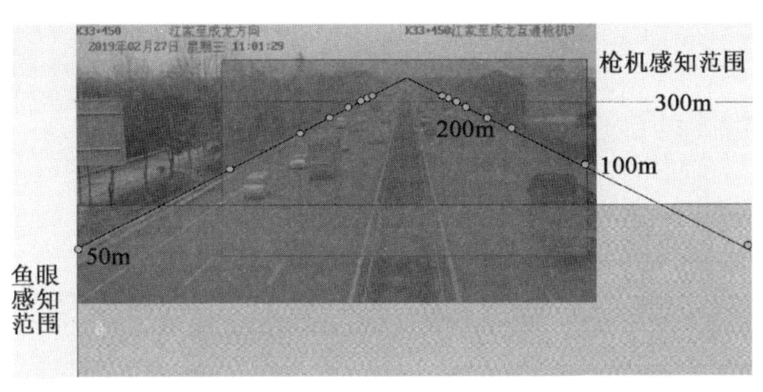

图 5-8　单杆安装视频设备空间覆盖范围图示

2)雷达感知设施的建设要求

(1)雷达感知设施的技术要求

使用毫米波雷达采集交通运行状态数据,数据内容包含设备所在绝对位置、交通目标(车辆与行人等)距离、方位角等,雷达感知设施满足的技术要求见表 5-4。

雷达感知设施技术要求　　表 5-4

序　号	技 术 要 求
1	最远有效感知距离在通常气象下不小于 350m
2	交通目标相对测距误差 <1m;交通目标测速误差 <1km/h
3	设备绝对位置定位误差 <1m
4	具备交通目标绝对位置定位能力
5	可同时追踪目标 >400 个
6	帧率不小于 20 帧/s
7	防护等级:IP66
8	网络带宽要求:每路毫米波雷达所需网络独立带宽不应小于雷达数据码率两倍

(2)雷达感知设施的安装要求

毫米波雷达感知范围为 75 ~ 350m,能够实现全时监控,且不受人为因素影响。毫米波雷达安装分别朝向来车/过车两个行驶方向,架设高度为 10 ~ 12m;俯视安装,俯角控制在 10 ~ 15°范围内。

3)气象感知设施的建设要求

针对高速公路桥区易结冰、易产生浓雾、横风较大等区域部署气象感知设施,结合主线的信息发布设施,对道路使用者提前进行气象信息发布和交通控制诱导措施,避免发生交通事故,提高交通安全和道路通行能力。气象感知设施包括六要素气象检测设备、路面状态感知设备、能见度检测设备、视频能见度检测单元等。

(1)气象感知设施的技术要求

①六要素气象检测设备。

六要素气象检测设备应满足的技术要求见表5-5。

六要素气象检测设备技术要求 表5-5

序号	类　别	技术要求
1	支持测量要素	大气温度、大气湿度、大气压力、风速、风向、雨量、照度
2	大气温度	测量范围-40~+80℃,精度±0.2℃,分辨率0.1℃
3	大气湿度	测量范围0~100%,精度±2%,分辨率0.1%
4	大气压力	测量范围150~1020hPa,精度±1hPa,分辨率0.1hPa
5	风速	测量范围0~50m/s,精度±2%,分辨率0.01
6	风向	测量范围0~359°,精度3°,分辨率1°
7	照度	测量范围0~20Klx,精度±5%,分辨率1lx
8	数据通信	RS485
9	数据更新率	1s~1min,可选
10	尺寸	ϕ144mm×248mm
11	供电方式	12~24VDC
12	功耗	≤6W

②路面状态感知设备。

路面状态感知设备应满足的技术要求见表5-6。

路面状态感知设备技术要求 表5-6

序号	类　别	技术要求
1	检测要素	路面温度、积水厚度、积雪厚度、湿滑程度
2	检测距离	2~13m
3	检测直径	23cm
4	角度	30°~90°
5	工作温度	-40~+80℃
6	功率	≤10W
7	防护等级	IP65

③能见度检测设备。

能见度检测设备满足的技术要求见表5-7。

能见度检测设备技术要求　表5-7

序号	类　别	技术要求
1	检测范围	10～5000m
2	测量精度	±5%
3	数据更新	1s～1min,可选
4	接口	RS485
5	工作温度	-40～+50℃
6	功率	≤6W

④视频能见度检测单元。

视频能见度检测单元满足的技术要求见表5-8。

视频能见度检测单元技术要求　表5-8

序号	类　别	技术要求
1	检测精度	1m
2	误差范围	±5%
3	检测距离	10～5000m
4	环境适应性	白天/夜晚自适应
5	视频分辨率要求	≥640×480
6	支持视频格式	H.264或第三方格式
7	处理能力	单个视频能见度检测单元可以同时分析50～100路摄像机
8	学习能力	具备AI机器学习能力
9	画面角度	自适应,无需人工调整
10	输入	摄像机直接输入或流媒体服务器输入
11	输出	提供标准的对外输出接口,可与第三方系统集成
12	工作温度	-10～+50℃
13	工作湿度	90%无冷凝
14	功耗	600W

(2)气象感知设施的安装要求

根据高速公路沿线气象状态合理布设六要素气象检测器,布设间距宜为10km;在易发生路面结冰、路面湿滑路段布设路面状态检测器;在易产生团雾路段布设能见度检测器或视频能见度检测单元。

5.2.1.2　交通诱导与控制设施

交通诱导与控制设施一般是指高速公路沿线布设的可变信息标志,结合蜀道集团蓉城二绕智慧高速公路工程实践,交通诱导与控制设备还可包括智能雾灯、智能锥桶等设备。本部分以蜀道集团蓉城二绕智慧高速公路为例,详细介绍交通诱导与控制设施的建设要求。

1)LED 可变信息标志的建设要求

LED 可变信息标志,能够实现动态信息展示。提前和及时将交通、天气、施工、事故、路网异常、车道管控等信息告知驾驶员。规范、引导驾驶员行驶,达到提高通行效率,降低异常和恶劣天气造成的事故风险率,缩小异常和事故的影响范围。

具体业务场景包括:

(1)发生交通事件路段,发布车道管控信息;

(2)大流量路段,发布开放或关闭硬路肩(应急车道),动态分流,提前绕行等信息;

(3)恶劣天气常发路段,发布动态限速,恶劣气象预警等信息;

(4)分、合流区域,发布主线和出入口协同管控策略信息。

智慧高速公路应在互通立交出入口、收费广场入口、隧道联系道前方、长大隧道洞口及洞内车行横通道、服务(停车)区以及其他关键重要路段,配置符合《高速公路 LED 可变信息标志》(GB/T 23828—2009)要求的图文发布设施。LED 可变信息标志布设静态视认距离应不小于 250m,动态视认距离应不小于 210m。

2)智能雾灯的建设要求

高速公路运营过程中,大雾等极端天气对高速公路交通安全的影响较大,导致路面安全隐患增多,容易发生交通事故,而且一旦发生事故,极易引发"二次事故"或"连环事故",严重危害人民群众生命财产安全。因此,建设智能安全行车诱导系统,能够提高雾天路段通行效率、降低事故发生率。

雾区诱导系统由外场雾灯、雾灯控制器、分中心雾区管理软件、传输设备和供电电缆构成。智能雾灯布设在道路两侧,用现场传感器采集数据,以中心控制平台下发的命令,智能雾灯可以按照不同的亮度、闪烁频率、颜色变化等方式进行工作,在大雾、降雨、夜晚等视距不好的情况下,实现道路轮廓提示、行车主动诱导、车距保持示警等功能。远期,可在部分或全部智能雾灯中集成定位芯片,实现事件感知和精准定位能力。

以蜀道集团蓉城二绕智慧高速公路为例,其雾灯设置间距为 20m,安装在行车道两侧,考虑到控制距离,大约 1000m 左右设置一套雾灯控制器,雾灯控制器为附近的雾灯供电,并通过现场总线线缆对雾灯进行控制。雾灯控制器通过传输设备与分中心的雾区诱导控制计算机连接,雾区管理软件通过下达指令至控制器实现对雾灯的控制。

蓉城二绕智慧高速公路对雾灯的控制有如下 3 种模式:

(1)道路轮廓强化模式:当能见度大于或等于 500m、小于 1000m 时,雾灯显示黄色并常亮,从而在雾天环境里以高反差方式显现道路线形,标示出道路轮廓。

(2)主动诱导模式:当能见度大于或等于200m、小于500m时,系统进入车辆主动诱导模式,诱导装置的黄色诱导灯按照30次/s频率进行同步闪烁,主动引导车辆前进。

(3)警示模式:当能见度小于200m时,系统进入警示模式,诱导装置的黄色诱导灯按照60次/s的频率进行同步闪烁,主动引导车辆安全通过雾区路段。

3)智能锥桶的建设要求

智能锥桶是对传统的移动锥桶的智能化升级,增加警示灯、定位、通信等技术,用于事故清障、道路养护和临时交通管制。

蓉城二绕智慧高速公路对智能锥桶有两种管控模式:

(1)通过灯光进行近场车道管控。

(2)通过云控中心和公共云,将信息发布到远端可变信息标志和用户手机App上,实现超视距提醒。智能锥桶主要用于设备运维,道路管制,道路养护等场景。

智能锥桶按照实际需求进行部署。

5.2.1.3 边缘计算设施

边缘计算设施基于全量、连续环境信息,依托边缘计算技术准确识别道路交通状况、事件、车辆等信息,提供数据采集、融合、预处理、分发等基本功能,是路侧智能监管及安全预警的节点。边缘计算设施应该满足如下功能:

(1)负责连接视频、雷达等传感器,进行交通目标的识别,实现全息信息感知功能。

(2)支持通过视频对路侧交通事件动态识别能力,针对每一起告警事件,达到即时提醒,进而实现异常事件快速发现与识别,应满足表5-9中描述的视频分析功能。

视频分析功能列表 表5-9

视频分析算法	描述
拥堵事件	道路上出现单车道或多车道拥堵状况,影响道路畅通的交通事件
交通事故	道路上出现单车或多车相撞的交通事故
平均速度	道路上行驶车辆的平均速度
公路流量	道路上在一定时间段内统计的车流量
公路气象	道路上出现的影响交通通行的异常气象事件
支持“两客一危”识别	能够识别道路上行驶的“两客一危”车辆
非法停车事件	车辆在禁止停车的紧急车道和路面停止行驶,且静止行驶时间超过一定阈值
行人进入	行人进入机动车道或其他禁止进入的区域,且行走时间或行走距离不小于某一设定值的交通事件

(3)通过雷达、视频数据的融合分析实现动态目标识别、定位与跟踪能力。雷视融合技术流程图如图5-9所示。

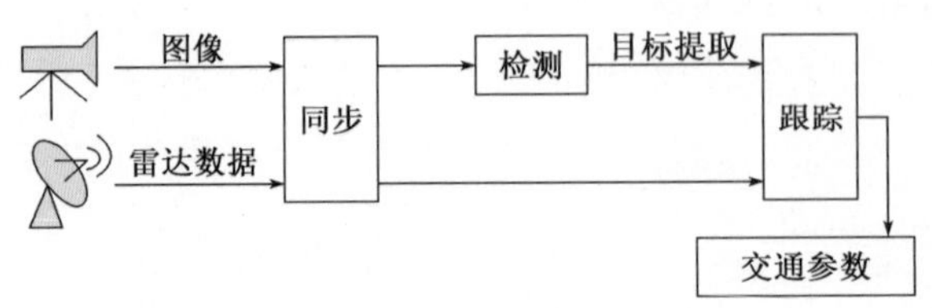

图5-9 雷视融合技术流程图

(4)具备与RSU、路侧交通控制、诱导屏、气象传感器等进行信息对接的功能,实现高速公路的全交通要素数字化、各项交通环境的感知、交通诱导和控制信息及时发布。

(5)支持V2X协议(信息发布/中转),具备对接云平台的数据交互接口,且能与邻近边缘计算设施信息互通。

(6)支持V2X应用部署,对本地事件进行管理,同时提供设备管理维护功能。

5.2.1.4 通信设施

智慧高速公路通信设施包括无线通信设施和有线通信设施,通过合理部署通信设施实现智慧高速公路车—路—云控平台间的信息传输。本部分以蜀道集团蓉城二绕智慧高速公路为例,详细介绍无线通信设施,包括支持LTE-V和ETC的路侧RSU设备的建设要求,以及高速公路沿线有线通信网络的建设要求。

1)支持LTE-V的RSU设备的建设要求

支持LTE-V的RSU设备是路侧和车辆之间进行信息交互的节点,同时RSU与云控平台、边缘计算设施联动,为道路运行车辆提供安全辅助驾驶、异常道路状态提示服务,如施工预警、道路湿滑预警、特殊车辆预警、标识标牌提示、交通管控提示、驾驶引导提示等信息服务。为智慧高速公路实现的伴随式信息服务、全天候通行、车道级导航等创新应用提供车路通信服务。

以蜀道集团蓉城二绕智慧高速公路为例,其部署的支持LTE-V的RSU设备满足如下要求:

(1)支持《合作式智能运输系统 车用通信系统 应用层及应用层数据交互标准》(T/CSAE 53—2017)。

(2)支持LTE-V,频率范围:5.7~5.95GHz可调;工作带宽:10MHz;发送功率:最大23dBm;传导接收灵敏度:-97dBm;通道:1发2收。

(3)支持北斗定位/授时。

(4)通信距离大于500m。

(5)防护等级IP65。

2)支持ETC的RSU设备的建设要求

支持ETC的RSU设备即多波束相控阵微波读写天线，利用该设备实现基于ETC的车路信息交互场景，实现特殊路段行车风险预警、计划性交通事件管控服务、突发交通事件管控服务、收费区信息服务等ETC车路协同拓展服务。

以蜀道集团蓉城二绕智慧高速公路为例，支持ETC的RSU设备基于相控阵多波束控制技术，收发通道分离，下行链路采用波束扫描控制，达到发射覆盖4个车道的效果；上行链路采用两个独立射频接收模块，每个接收模块负责2个车道接收，实现设备对四个车道的断面覆盖。ETC的RSU设备安装方式根据场景不同略有差异，高速公路的安装方式是每台侧装天线可覆盖两条车道，蓉城二绕智慧高速公路双向6车道+应急车道共需要4台路侧天线覆盖，安装示意图如图5-10所示。

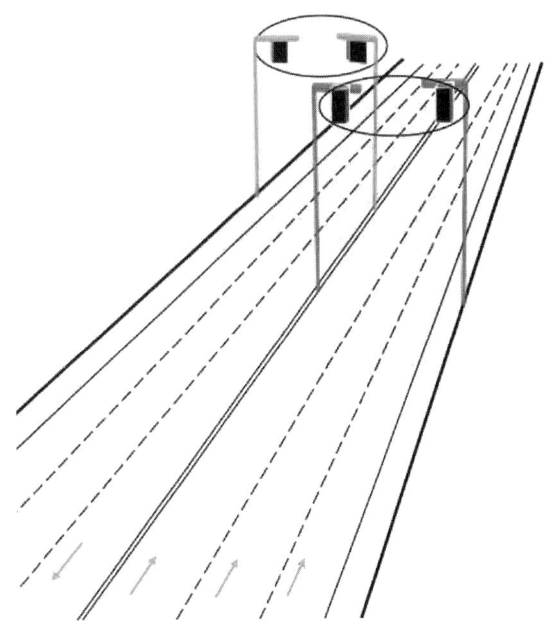

图5-10 蓉城二绕智慧高速公路支持ETC的RSU设备安装示意图

蓉城二绕智慧高速公路支持ETC的RSU设备满足如下要求：

(1)系统采用先进多线程并发处理技术，单片式OBU交易成功率≥99.9%，车辆信息获取成功率≥99.99%；双片式OBU交易成功率≥98%，车辆信息获取成功率≥99.5%；CPC卡计费成功率≥99.9%。

(2)主机基于A8内核的处理器,主频高达800MHz,拥有先进快速的数据处理能力,满足高通车容量、高车速的应用场景需要。

(3)支持以太网络部署系统,根据使用环境,使用工业级交换机灵活扩展天线的数量,自由组网,安装灵活便捷。

(4)采用无风扇设计,提高系统可靠性、安全性。

(5)支持OLED显示屏维护信息提示,友好的人机交互界面,方便用户获取天线工作状态、PSAM工作状态等信息。

(6)天线下行链路采用波束扫描技术,可灵活控制扫描波束数量,单天线可覆盖3+1车道、2+1车道、2车道,满足不同应用场景及应用模式的需要。

(7)PSAM卡智能加热功能,支持极端低温天气工作。

(8)支持3G/4G网络,实现方便快捷地远程维护升级。

(9)支持GPRS短信业务,实现操作指令远程控制,工作模式远程切换。

3)路侧有线通信网络的建设要求

智慧高速公路宜采用有线专网部署方式,保障网络通信质量、带宽以及安全。在路侧提供本地交换机,根据传输节点规划部署相应的传输设备。以蜀道集团蓉城二绕智慧高速公路为例,其有线专网部署如图5-11所示。

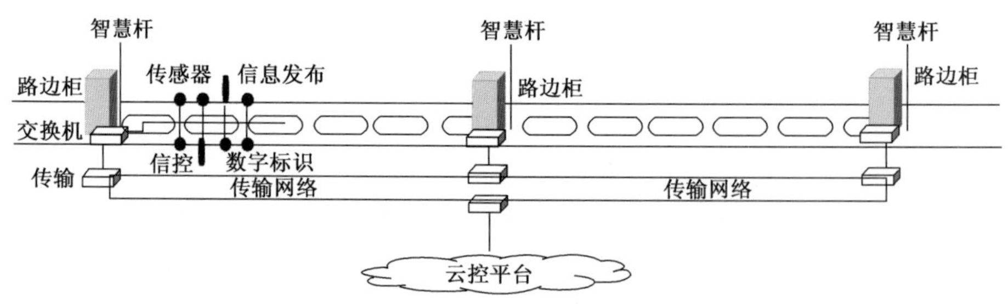

图5-11　蓉城二绕智慧高速公路有线专网部署示意图

本地交换机宜采用低延迟确立性工业交换机,满足交通感知设施、交通诱导与控制设施、边缘计算设施等的数据传输需求。蓉城二绕智慧高速公路本地交换机技术要求如下:

(1)工业以太网接入交换机,紧凑、灵活设计和安装。

(2)具有至少4个10M/100M自适应电口。

(3)具有至少2个100M/1000M光电复用端口。

(4)单跳时延小于10us,抖动小于500ns,时间同步精度20ns。

(5)基于Web的图形用户界面,便于轻松配置和管理设备。

(6)支持 EtherNet/IP、PROFINET 和 Modbus/TCP 工业协议，易于在自动化 HMI/SCADA 系统中集成和监测。

(7)支持 IEEE802.1Q VLAN、LACP 链路聚合、MSTP、TSN 确定性网络。

(8)空闲端口锁定、SNMPv3 和 HTTPS，加强网络安全性。

智慧高速公路有线传输接入模式建议交换机就近接入通信站，并由通信站 SPN/OTN 提供基础传输网络支持，满足云控平台与边缘计算之间低延时、高带宽的连接需求。蓉城二绕智慧高速公路有线传输接入模式如图 5-12 所示。

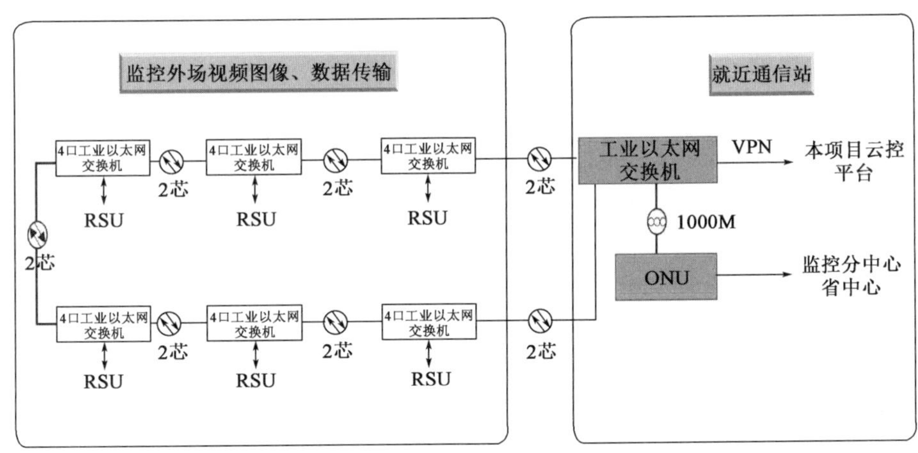

图 5-12　蓉城二绕智慧高速公路有线传输接入模式图示

5.2.1.5　高精度定位设施

智慧高速公路高精度定位设施能够基于北斗卫星导航系统发射的导航信号，进行卫星导航增强信息的生成和播发。结合蜀道集团蓉城二绕智慧高速公路工程实践，本部分详细介绍北斗地基增强基准站和便携式定位终端的建设要求。

1)北斗地基增强基准站点的建设要求

北斗地基增强基准站是为了实现智慧高速公路高精度定位功能而在高速公路沿线部署的核心设备。本部分以蜀道集团蓉城二绕智慧高速公路为例，重点介绍北斗地基增强基准站建设过程中站址规划要求、传输要求和建设流程。

(1)站址规划要求

依据收费站及服务区地理位置及建设条件；应有 10℃以上的地平高度角卫星通视条件；远离电磁干扰区(微波站、无线电发射台、高压线穿越地带等)和雷击区，其距离不小于 200m；远离周边的高大建筑、树、水体和易积水地带，其距离不小于 200m；避开地质构造不稳定区域(除特殊应用外)；具有稳定、安全可靠的交流电电源；选在具有代表性的位置，增加检测系统的精度和可靠性；便于接入公共通信网络和政府信息网络，具有稳定、安全可靠的交流电电源；交通便利，便于人员往来和车辆运输。

（2）传输要求

网络层设计方案为光纤专线，基准站数据通过专线数据回传到智慧高速公路云控中心。

（3）建设流程

北斗地基增强基准站点建设包括选址勘测、建设准备、基建施工、安装调试、初验上线、试运行、终验及运维七个步骤，具体建设流程如图5-13所示。

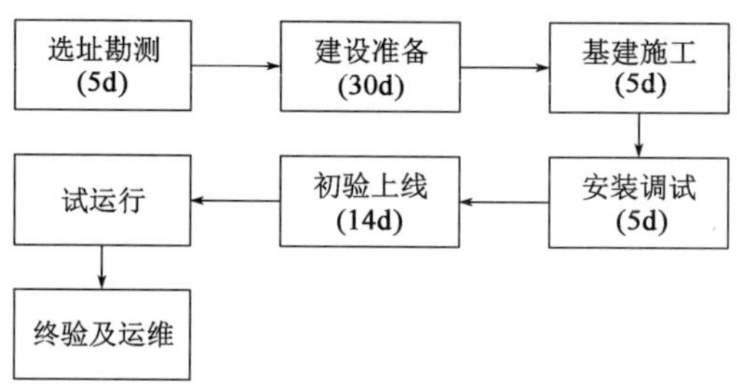

图5-13　北斗地基增强基准站点建设流程

2）便携式定位终端的建设要求

便携式定位终端可远程设置定位模式，也可根据电量自动切换工作模式，蓉城二绕智慧高速公路建设的便携式定位终端技术要求见表5-10。

便携式定位终端技术要求　　表5-10

分　类	技术要求
定位方式	GPS/北斗/LBS多重定位
防水等级	IP66
首次定位时间	3min
电池容量	5200mA
工作时间	GPS常开30～40d
	定时定位模式（30min上传一次位置信息）：250～300d
	深度休眠模式（待机状态）：400～600d
通信制式	全球通GSM：850/900/1800/1900MHz

5.2.1.6　智能基础设施的部署方案

智能基础设施部署方案设计应综合考虑实现感知、通信、控制能力，支撑伴随式信息服务、全天候通行、车道级诱导控制等创新服务，还应考虑高速公路结构特点，在高速公路路段、交织区、隧道等不同区域设计不同的部署方案。以蜀道集团蓉城二绕智慧高速公路为例，智能基础设施部署示意图如图 5-14 所示。蓉城二绕智慧高速公路针对主线路段、分/合流区域、隧道路段分别设计了智能基础设施的部署方案。

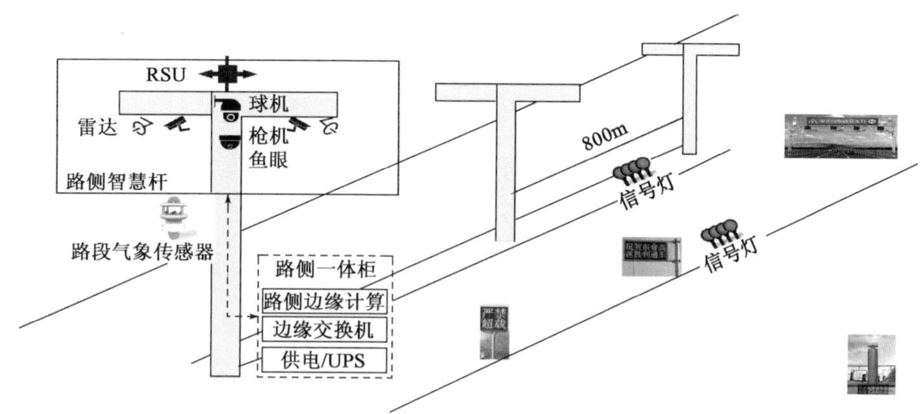

图 5-14 智能基础设施部署示意图

1）主线路段智能基础设施部署方案

道路中间隔离带立杆，两侧横臂安装，每 800m 部署一处一体化智能杆。主线路段智能基础设施部署方案如图 5-15 所示，说明如下：

（1）车路协同设备：杆件上两侧挑臂安装，包括 1 个 RSU，1 个边缘计算设备，2 个摄像头，2 个雷达，气象感知设备按需安装。

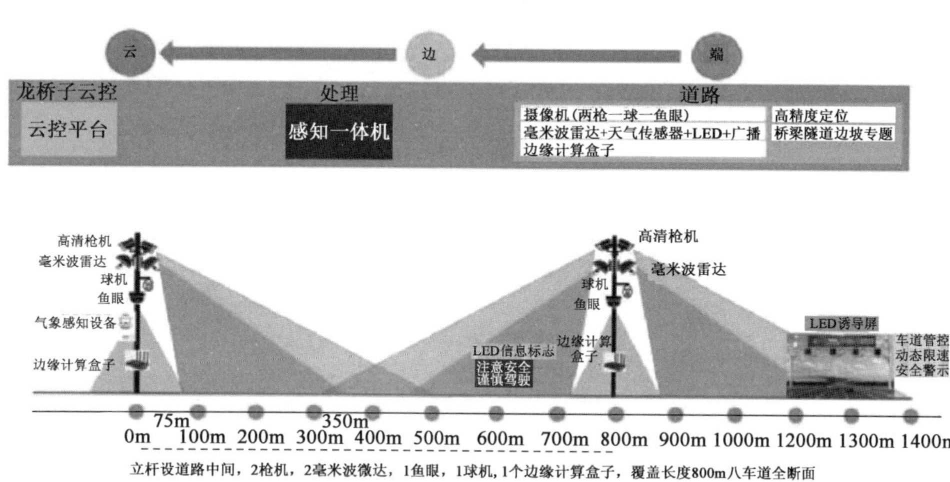

图 5-15 主线路段智能基础设施部署示意图

（2）安装位置：摄像头和雷达需在杆的两侧挑臂上对称安装，分别感知两侧的行车道；RSU 安装在挑臂上，实现道路两侧的通信覆盖；交换机和边缘计算设备安装在路侧一体柜中。摄像头、雷达、RSU 安装位置基本原则是尽量无遮挡安装,若遮挡不可避免,则需加密部署点位。

(3)挑臂:设备安装高度 10m,摄像头最好安装在检测道路的中间上方,若条件不允许,则建议单侧挑臂长度在 2m 左右;雷达和 RSU 相同挑臂安装。

2)交织区智能基础设施部署方案

高速公路出入口匝道和服务区等区域会产生交织区,交织区智能基础设施部署方案的基本原则为无盲区覆盖,由于每个匝道和服务区的设计存在差异,因此需要根据每个路口的实际情况,确定部署设备数量。交织区智能基础设施部署方案如图 5-16 所示,说明如下:

(1)每一个汇入汇出路口,至少需单独增加一个智能杆和一组感知设备,包括 1 个边缘计算设备,2 个智能摄像头,1 个毫米波雷达,1 个 RSU。

(2)若匝道曲率较大,或匝道较长较宽,一组感知设备无法覆盖时,则需按需再增加感知设备进行覆盖。受曲率/坡度等影响,单雷达最大的感知距离按照 150m 设计,单摄像头的最大感知距离按照 75m 考虑。

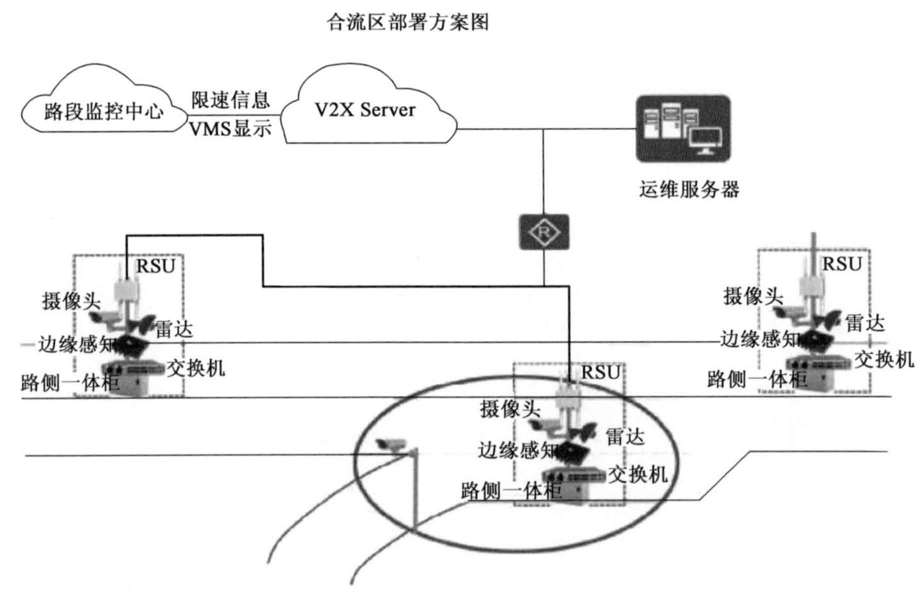

图 5-16　交织区智能基础设施部署示意图

3)隧道智能基础设施部署方案

隧道内环境较主路复杂,如:封闭空间、光照变化、信号干扰等均对车辆运行有较大影响,在部署智能基础设施时需考虑上述因素影响,适当减小部署间隔。同时,隧道出入口光照和视野变化大,对感知能力要求和驾驶安全影响也变大,因此隧道出入口需要重

点监控。隧道(单方向独立隧道)智能基础设施部署方案如下(图5-17):

(1)部署间隔:部署间隔降低为150m,即每150m设备一组感知设备,包括:2个摄像头、1个雷达、1个RSU,1个边缘计算设备,1个交换机。

(2)安装位置:每组设备中,雷达和RSU每150m各安装一个,侧壁安装;摄像头每75m安装一个,侧壁安装;边缘计算设备和交换机设备,路侧一体柜安装。

(3)出入口特殊位置:隧道入口处最后一个立杆在隧道口外15m处,覆盖隧道口和隧道内50m;隧道内第一组设备点位在距离入口50m处;隧道内最后一组设备点位在距离隧道出口15m处,覆盖隧道口和隧道外50m;隧道出口外第一个立杆位置在隧道出口50m处。

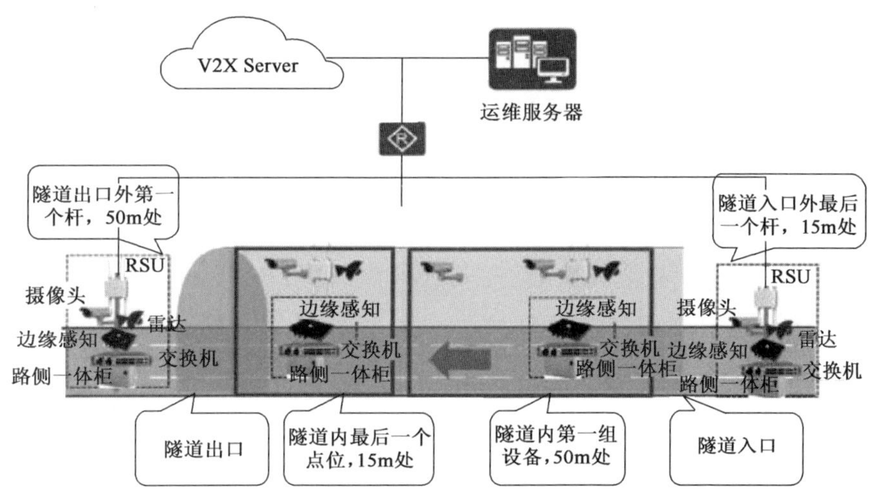

图5-17 隧道智能基础设施部署示意图

5.2.2 运载工具

智慧高速公路服务于所有类型的车辆,车辆类型包括支持V2X协议和L3级别自动驾驶的智能车辆、使用App的普通车辆、未使用App的普通车辆。以蜀道集团蓉城二绕智慧高速公路为例,智慧高速公路智能基础设施、云控平台与车辆间关系如图5-18所示。

5.2.2.1 智能车辆

1)智能车辆的特征

智能车辆是指拥有L3级别的自动驾驶能力、支持V2X协议且拥有信息交互车载终端、具备高精度定位能力、满足高速公路复杂应用场景的车辆。

就单车而言,智能车辆具备L3及以上级别自动驾驶能力,但由于仅仅依靠单车智能无法有效覆盖所有场景,需要通过车路间信息交互获取例如路网宏观交通流、路网管控、路网交通事件等数据来提升智能车辆运行的安全性和高效性。智能车辆搭载了包括高精度定位模块、OBU 通信模块、计算和显示模块的信息交互车载终端。在智慧高速公路场景中，智能车辆可通过路侧交通感知设施、边缘计算设施、通信设施等，实现高速公路场景下的自动驾驶和货车编队行驶。以蜀道集团蓉城二绕智慧高速公路为例，其智能基础设施、云控平台与智能车辆间关系如图 5-19 所示。

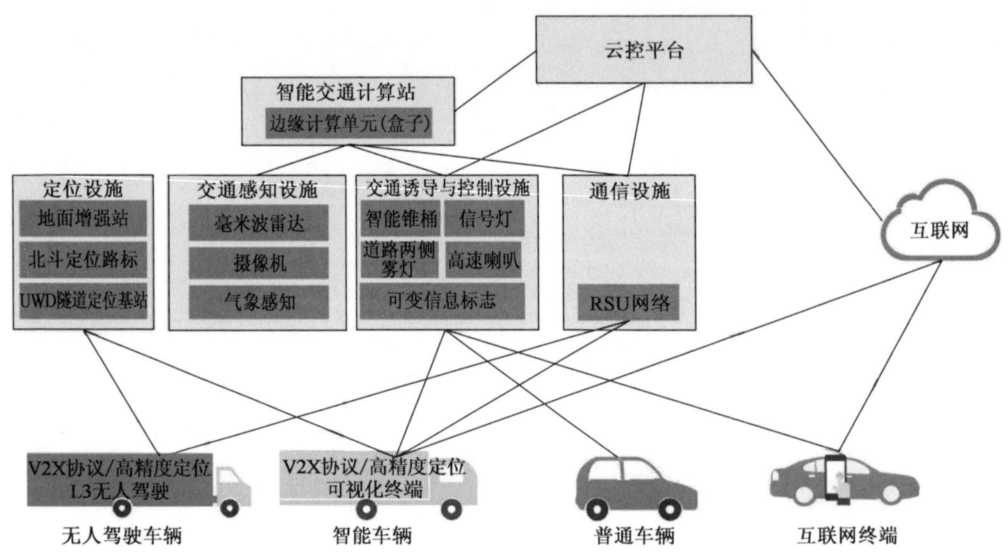

图 5-18　智能基础设施、云控平台与车辆间关系图

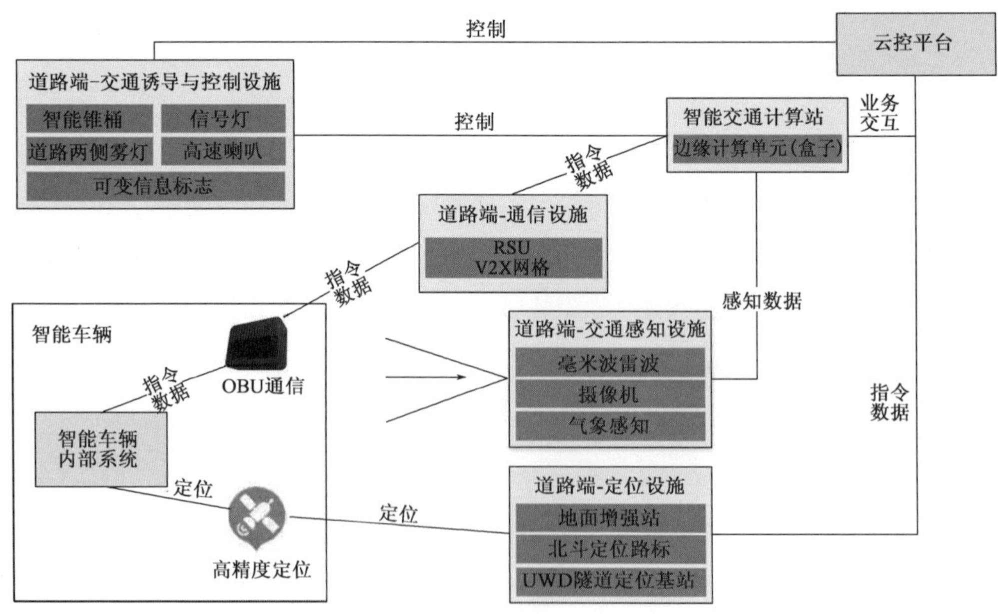

图 5-19　智能基础设施、云控平台与智能车辆间关系图

2)车载终端的功能

智能车辆车载终端的模块包括 V2X 通信模块、V2V 接口、高精度定位模块、通信模块、计算显示模块等,为了保证系统的模块化和扩展性,需要定义通信协议、设备模块和车路角色。

(1)V2X 通信模块

V2X 通信采用相对成熟的 WAVE/DSRC 标准,满足 IEEE802.11p 标准的通信协议。应用层可采用 SAEJ2735 定义格式填充 WAVE 报文并经过 ASN.1 编码/解码,最终实现从空中接口中发送/接收数据的功能。DSRC 实现在特定区域内的高速运动车辆的双向通信,实施传输图像、数据信息,将车辆和道路有机连接。以实现车辆间共享车辆状态、行驶状态、环境信息等功能。

(2)V2V 接口

实现车辆与车辆之间的通信,实现数据共享和协同控制,具体协议内容包括前者状态发给后车;控制信令包括车距调整、换道、避让等控制信令;车队管理信令包括加入、退出车队和心跳信息等。

在设备模块上,智慧高速公路路侧需要建设交通感知设施、通信设施、高精度定位设施、边缘计算设施等,车辆端需要 OBU 及车载高精度定位芯片,可有效实现车—路间信息交互。实现车—路间信息交互,路侧需要将高速公路交通流量、交通事件、管控等信息通过 RSU 传输至 OBU,再由 OBU 传输至车辆 CAN 总线,最后由车辆 CAN 总线传递到自动驾驶控制系统中,供智能车辆进行分析决策,控制车辆运行。实现车—车间信息交互,基于高速公路路网实时交通运行状态,智能车辆通过车—车间信息交互实现编队行驶、紧急制动、紧急避让等场景。

(3)高精度定位模块

高精度定位模块具备 GPS/北斗双模定位加惯导功能,在立交、隧道等卫星信号较弱或没有卫星信号区域能有效定位,能够提供良好的定位精度和可用度;接入 CORS 网获取差分数据,具有 SBAS 定位功能。以蜀道集团蓉城二绕智慧高速公路为例,高精度定位模块性能指标见表 5-11。

高精度定位模块性能指标　　表 5-11

参　数	性能指标	
网络要求	运营商 4G 全网通网络(支持 LTE 1.8GHz 专网模块升级)	
定位精度	单点定位	水平定位精度应小于 2m(均方根误差)

续上表

参　　数	性能指标	
定位精度	差分定位	差分定位位置精度小于0.8m(均方根误差)
	惯导组合定位	GNSS + INS 组合定位,无卫星信号下定位精度 <5% ×行驶距离
	速度精度	<0.1m/s
	最大高度	无限制
数据更新率	定位数据	1Hz
定位数据采集及回传频率	1 ~ 10s	
使用环境	工作温度	-20 ~ +70℃
	存储温度	-45 ~ +85℃
	湿度	95%无冷凝
扩展性	设备具备扩展性,支持外部设备连接	

(4)通信模块的功能

配置多模式通信模块,具有良好通信能力实现实时无线传输。以蜀道集团蓉城二绕智慧高速公路为例,其多种通信模式包括 CWAVE/DSRC、LET-V、GPS/北斗以及 2G ~ 4G;CWAVE/DSRC 天线增益为6dBi;2G ~4G 可实现全频段无缝覆盖;可以支持车辆前装和后装。其通信模块性能指标见表5-12。

通信模块性能指标　　表5-12

参　　数	性能指标
卫星频率	支持北斗/GPS
GSM/LTE 频率	698 ~960MHz,1710 ~2700MHz,全向
DSRC/LTE-V 频率	5725 ~5950MHZ,全向
工作频率	5.905 ~5.925GHz

(5)计算显示模块的功能

计算显示模块能够实现视频数据接入能力,接入视频流数据,进行解析和展示。包括:定位数据接入能力,接入高精度车载终端定位数据;V2X 数据接入能力,接入车路协同系统 RSU 及平台数据,支持驾驶安全、行车效率、信息服务三大类 V2V、V2I 和 V2P 应用;具备基于高精度地图采集和制作的成果数据进行可视化渲染能力,高性能处理器核心模块满足车规级要求;提供嵌入式 API,支持用户进行终端内网联应用二次开发;提供基于以太网、串口和 CAN 等多种接口的网联数据接口和 SDK,支持上位机应用开发;结构灵巧,易于安装,抗干扰能力强,产品稳定可靠。以蜀道集团蓉城二绕智慧高速公路为例,其计算显示模块性能指标见表5-13。

计算显示模块性能指标　　表5-13

参　　数	性能指标
车载显示屏	7in(约为0.18m)以上,HD1024×720及以上,车载显示屏为工业级智能终端,支持车载应用系统的开发与运行
主频	1.2GHz及以上
内存	RAM 1GB + ROM 16GB及以上
外置存储	可扩展TF卡存储等
基本功能	支持Wi-Fi/蓝牙等功能
操作系统	安卓4.0及以上
读写距离	2.5~10cm
读写时间	小于0.1s
传输方式	RS232/RS485/USB

5.2.2.2　普通车辆

1)普通车辆的特征

普通车辆包括两类:一类是使用App的普通车辆;一类是未使用App的普通车辆。App通过现有的互联网地图,为用户提供车路协同的数据和信息,帮助用户在出行过程中决策,为用户提供更为安全和舒适的出行体验。云控平台融合道路感知数据、互联网数据、用户数据形成决策辅助数据,以App为通道为用户出行提供支持。不使用App的普通车路智能化非常低,智慧高速公路通过路侧交通控制诱导设备对其提供信息服务。以蜀道集团蓉城二绕智慧高速公路为例,其智能基础设施、云控平台与普通车辆间关系如图5-20所示。

2)车路信息交互的方式和内容

(1)使用App的普通车辆

利用App可以向普通车辆驾驶员提供的信息包括公路基础设施信息,如道路基本信息、特殊构造物信息;服务设施状态信息,如收费站、服务区、加油站、停车场信息;服务区发布信息,如服务区星级等级、服务区拥堵程度、加油站排队长度、加油站油品油价、充电桩空闲度、服务区高精度地图、服务区背景图片等信息;出行规划信息,如行程时间信息、推荐路径信息等;交通运行状态信息,如交通流的阻断与拥堵信息等;交通突发事件信息,如突发交通事件信息等;公路施工养护信息,如施工信息、限制或封闭信息等;安全辅助驾驶信息,如交通安全,车辆安全状态、道路隐患点预警、危险车辆预警等信息。

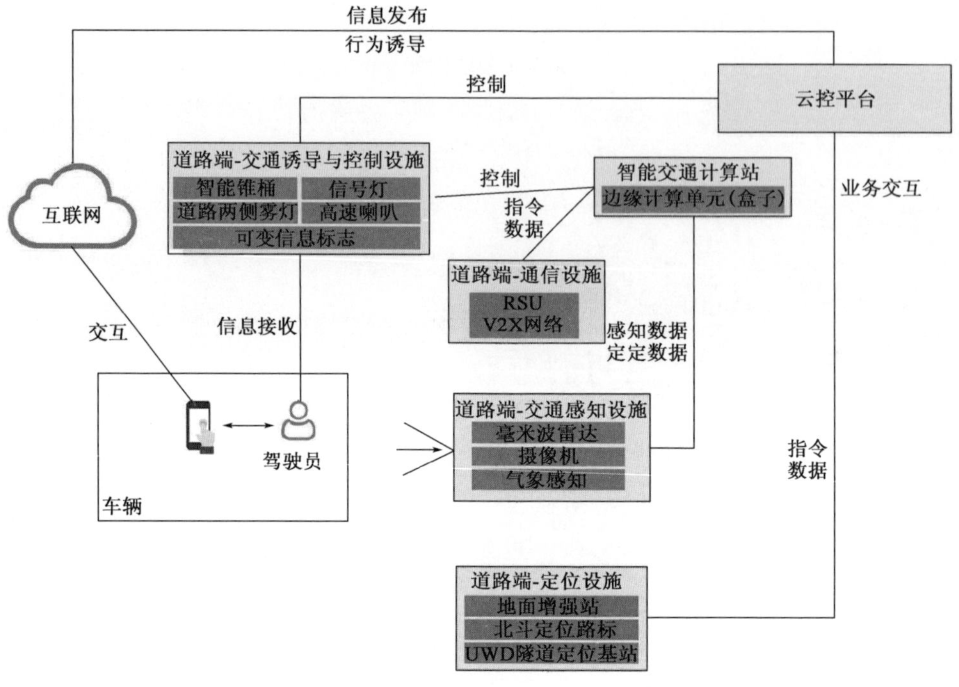

a) 使用App普通车辆

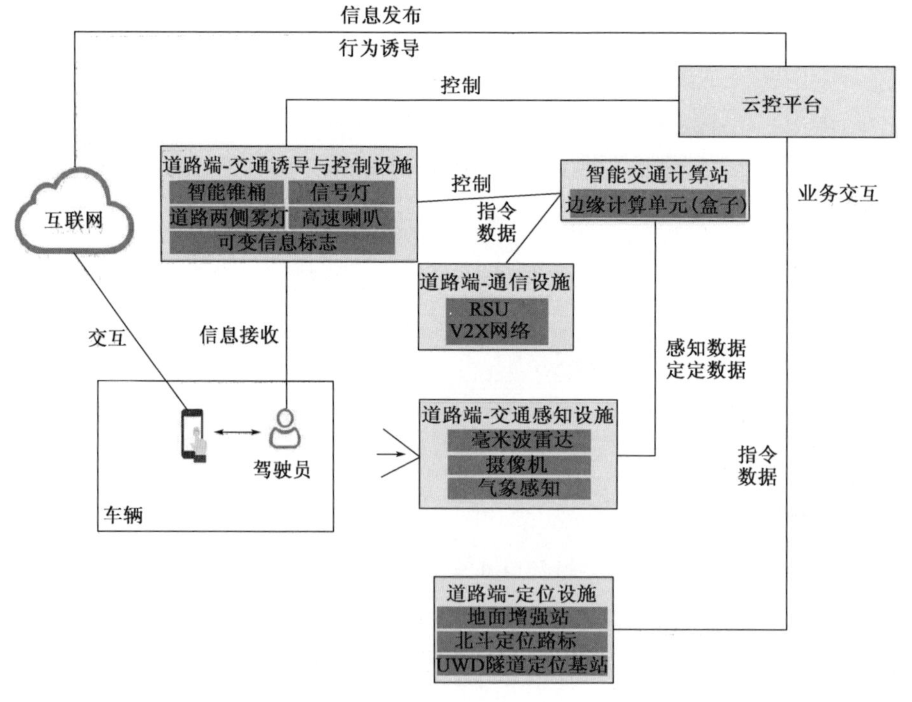

b) 未使用App普通车辆

图 5-20　智能基础设施、云控平台与普通车辆间关系图

(2)未使用App的普通车辆

利用智慧高速公路沿线的可变标识牌、可变信息标志等路侧交通信息发布或控制设施,为驾驶员提供交通运行状态、交通事件、施工、气象等信息。

5.2.3 智慧高速公路云控平台

本节智慧高速公路云控平台内容是在5.1.3智慧高速公路云控平台架构的指导下建立的,以下对与智慧高速公路云控平台相关的计算资源层、数据资源层、应用支撑层等的建设进行描述。

5.2.3.1 计算资源层

贯彻基础设施即服务(IaaS)的设计思想,将IT设施进行资源池化,包括计算资源、存储资源、网络资源以及其配套的机房、机架或机柜、供配电、空调、门禁等。IT基础设施可进一步分为硬件基础设施子层、虚拟化与资源池化子层以及资源调度与管理自动化子层。硬件基础设施子层包括主机、存储、网络及其他硬件在内的硬件设备,是实现云计算的最基础资源。虚拟化与资源池化子层,通过虚拟化技术进行整合,实现对资源的池化管理(包括网络池、服务器池、存储池等),同时通过云管理平台,对外提供运行环境等基础服务。资源调度与管理自动化子层,在对资源(物理资源和虚拟资源)进行有效监控、管理的基础上,并且通过对服务模型的抽取,提供弹性计算、负载均衡、动态迁移、按需供给、自动化部署等功能。

1)网络资源池

网络资源池是利用网络虚拟化技术,为用户提供网络资源管理和多种虚拟网络功能,网络资源包括Vxlan、Vlan网络支持,虚拟子网,分布式虚拟路由管理。网络功能包括L2-L3层虚拟网络功能DHCP服务、虚拟路由、安全组、VPN、NAT/SNAT、端口转发、虚拟防火墙、云主机负载均衡、浮动IP管理等网络资源服务,提供网络资源的使用情况进行监控和展示。

网络资源池所需的交换机应综合考虑实际物理架构特点、资源利用效率及运维技术条件,选择合适的方案。对于服务器的接入,可以采用Eth-Trunk(以太网链路聚合)技术,通过将多条以太网物理链路捆绑在一起成为一条逻辑链路,从而实现增加链路带宽的目的,同时这些捆绑在一起的链路通过相互间的动态备份,可以有效地提高链路的可靠性。

2)存储资源池

存储需求主要分为两部分:大数据分析的存储和业务应用的存储。

(1)大数据分析的存储

高速公路的多源数据信息,包括交通结构化数据、视频图像数据等,特别是视频图像数据为大数据平台最重要的基础数据,数据存储需求占比高。

(2)业务应用的存储

以蜀道集团蓉城二绕智慧高速公路为例,其采用了混合云存储系统承载业务应用的数据信息。混合云存储解决方案,基于云平台分布式文件系统,分布式任务调度等基础设施。这些基础设施提供存储服务所需的分布式调度、高速网络、分布式存储等重要特性,可同时提供文件、对象、块等多种不同存储类型,实现了文件、对象、块的存储整合、平台共享。分布式文件存储具备业界领先的性能、可靠性和可管理性。混合云存储包含对象存储、表格存储以及关系型数据库存储,可灵活扩展,性能和容量随服务器节点数增长而线性增长,硬件升级与更换无须跨存储系统迁移数据,业务层无感知、无影响,不存在传统存储硬件的局限性。相比传统自建服务器存储,分布式存储在可靠性、安全性、成本和数据处理能力方面都有着突出的优势。使用分布式存储,可以通过网络随时存储和调用包括文本、图片、音频和视频等在内的各种非结构化数据文件发挥硬件设施的性能潜力。

3)计算资源池

计算资源池所需要的设备可以按照承担任务的不同进行分类,包括大数据服务器、云计算服务器、视频计算一体机、数据库服务器、应用服务器等。

5.2.3.2 数据资源层

数据资源层在于建立统一的数据融合资源池,包括数据汇集、数据融合、数据管理及数据共享,供所有业务应用使用。数据实现资源化,统一数据服务资源,能够支撑内部各项业务需求以及对外数据共享。以蜀道集团蓉城二绕智慧高速公路为例,其数据资源层建设应满足如下标准规范:

(1)《交通信息基础数据元　第1、2、9、10、13部分》(JT/T 697);

(2)《公路网运行监测与服务暂行技术要求》(交通运输部2012年第3号公告);

(3)《全国道路交通管理信息数据库规范　第1部分:机动车驾驶证管理信息数据结构》(GA 329.1—2005);

(4)《全国道路交通管理信息数据库规范　第2部分:机动车登记信息数据结构》(GA 329.2—2005);

(5)《全国道路交通管理信息数据库规范　第3部分:交通违法管理信息数据库规

范》(GA 329.3—2006);

(6)《全国道路交通管理信息数据库规范 第4部分:交通事故统计信息数据库规范》(GA 329.4—2004)。

数据库应包括如下几个大类,各类数据库的内容及要求参考上述规范文件的对应内容及验收方案:

(1)基础数据库:公路基础数据库、公路空间基础数据库、管理机构和人员基础数据库、生产工具和资源基础数据库、BIM模型数据库、公路沿线高精度地理模型。

(2)业务数据库:出入人员监控数据库、交通事件数据库、过往车辆信息数据库、交通状态数据库、监控视频数据库、交通气象数据库、隧道环境监测数据库、结构运行监测数据库、机电设施运行监测数据库、应急预案数据库、应急资源库、模型库、案例库、风险隐患数据库。

(3)数据共享机制:内部数据共享机制、行业数据共享机制、其他行业数据共享机制、第三方企业数据共享机制。

5.2.3.3 应用支撑层

应用支撑层包括:统一认证、大数据分析、融合通信服务、GIS、BIM等。

1)统一认证

统一认证平台(Uniform Identity Authentication Platform,UIAP)是以统一身份认证服务为核心的服务使用模式,用户登录统一认证服务后,即可使用所有支持统一认证服务的业务应用。统一认证平台的主要流程如下:

第一步:用户使用在统一认证服务注册的用户名和密码(也可能是其他的授权信息,比如指纹、数字签名等)登录统一认证服务;

第二步:统一认证服务创建了一个会话,同时将与该会话关联的访问认证令牌返回给用户;

第三步:用户使用这个访问认证令牌访问某个支持统一身份认证服务的应用系统;

第四步:该应用系统将访问认证令牌传入统一身份认证服务,认证访问认证令牌的有效性;

第五步:统一身份认证服务确认认证令牌的有效性。

统一认证平台的主要功能如下:

(1)用户管理:能实现用户与组织创建、删除、维护与同步等功能;

(2)用户认证:通过SOA(Service Oriented Architecture,面向服务的架构)服务,支持

第三方认证系统;

(3)单点登录:共享多应用系统之间的用户认证信息,实现在多个应用系统间自由切换;

(4)分级管理:实现管理功能的分散,支持对用户、组织等管理功能的分级委托;

(5)权限管理:系统提供了统一的、可以扩展的权限管理及接口,支持第三方应用系统通过接口获取用户权限;

(6)会话管理:查看、浏览与检索用户登录情况,管理员可以在线强制用户退出当前的应用登录。

2)GIS

GIS 即地理信息系统,是对整个或部分地球表层(包括大气层)空间中的有关地理分布数据进行采集、储存、管理、运算、分析、显示和描述的技术系统。GIS 中的所有数据都具有地理参照,通过一定的坐标系统与地球表面中的特定位置相联系。交通 GIS 平台负责提供统一的地理信息支撑,包括如地图底图、高速公路路线、桥梁、隧道、互通、服务区以及相关设施等静态信息图层。为了保证平台的高效性、高可用性,并考虑建设成本等因素,可以采用“离线地图”应用模式,业务系统可直接调用本地的地图瓦片进行应用。

(1)GIS 地图数据建模

在 GIS 地图中完善和添加河流、湖泊、沟渠、水库、水利及附属设施、居民地、工矿及其设施、名胜古迹、宗教设施、其他建筑物及设施、高速公路、国道、省道、县乡道、铁路、道路构造物及附属设施、其他交通设施、城市绿地、POI 兴趣点等。

(2)GIS 地图功能开发

保证在 GIS 地图中能够进行相关高速公路路段的事件、设备和设施的展示,并根据桩号在地图中定位。包括 24h 气象监测数据展示、24h 车流量展示、能见度实时数据展示、光强实时数据展示、视频轮巡、可变信息标志的信息编辑发布等。

3)大数据分析

应用支撑层的重点是大数据分析能力的建设。提供大数据处理服务和大数据管理支撑服务,基于数据的生命周期处理流程开发数据处理和管理服务,包括提供采集接入服务、数据预处理(数据质量检查与标准化)服务、数据汇聚整合服务等管理服务,作为所有业务应用的支撑工具。

(1)大数据分析处理工具

基于已整合交通流量、路况、气象、收费、设备设施以及外部的航空数据、旅游景区等大数据,面向高速公路运行管理养护等业务需求,提供主题分析、辅助决策分析及可视化

展示等应用所需要的大数据分析处理工具,为大数据应用层系统提供工具支撑。主要实现如下大数据分析处理工具:

①数据挖掘。

数据挖掘是从大量的、不完全的、有噪声的、模糊的、随机的实际应用数据中,提取隐含在其中的、事先不知道的、但又是潜在有用的信息和知识的过程。具体的数据挖掘方法包括统计、在线分析处理、情报检索、专家系统(依靠过去的经验法则)和模式识别等。

②数据分类。

分类是找出数据库中一组数据对象的共同特点并按照分类模式将其划分为不同的类,其目的是通过分类模型,将数据库中的数据项映射到某个给定的类别。通过分类可以将被服务对象划分为不同的类别,从而提供针对性、个性化的服务。

③回归分析。

回归分析方法可以发现变量或属性间的依赖关系,包括数据序列的趋势特征、数据序列的预测以及数据间的相关关系等。通过回归分析可以揭示生产和需求的变化趋势,从而采取针对性的应对措施。

④聚类分析。

聚类分析是把一组数据按照相似性和差异性分为几个类别。聚类与分类的区别在于分类具有预先确定的分类模式,而聚类则没有。

⑤关联规则。

关联规则是根据一个事务中某些项的出现可推导出另一些项在同一事务中也出现,即隐藏在数据间的关联或相互关系。

⑥特征分析。

特征分析是从数据库中的记录中提取出关于这些记录的特征式,这些特征式表达了该数据集的总体特征。通过特征分析,可以从过往的记录中分析出成功和失败的原因和主要特征,从而更好地指导未来的决策。

⑦变化和偏差分析。

目的是寻找观察结果与参照量之间有意义的差别。偏差包括分类中的反常实例,模式的例外,观察结果对期望的偏差等。变化和偏差分析所得的结果是关于意外的规则,可以应用到各种异常信息的发现、分析、识别、评价和预警等方面。

⑧预测性分析。

指通过数据挖掘使用历史数据来预测事物的未来发展趋势,自动预测趋势和行为,从而为未来的管理决策提供支持和建议。

⑨可视化分析。

将数据挖掘的结果形成可视化的分析图表，完整展示数据分析的过程和数据链走向，向服务对象直观展示。

⑩深度学习。

集成机器学习、深度学习算法库，深度学习源于人工智能/神经网络，通过组合底层特征形成更加抽象的高层表示属性类别或特征，以发现数据的分布式特征表示。深度学习在视频、图像分析、车牌识别等方面应用广泛。

(2)大数据分析功能

从功能来看，大数据分析包括可视化分析功能、气象预测分析功能、交通态势分析功能、结构健康预测分析功能、突发事件预测分析功能、交通管理策略预测分析功能、车路协同调度策略分析功能，以及其他大数据分析功能。

①可视化分析功能。

所有分析数据具备可视化展示能力。

②气象预测分析功能。

以自建气象检测信息采集和专业气象部门预测结果为基础，并结合路段基础设施基本情况，做出针对基本路段、重点路段(桥隧、长大下坡、多雾路段、结冰路段、事故多发路段)的短时气象预测分析。

③交通态势分析功能。

以区域路网交通流数据为基础，对路段的整体运行情况、重点路段通行情况实现短时预测和长时统计分析，包括可能出现的拥堵位置、拥堵程度、需要调用的应急指挥资源分析、需要发布的信息内容分析。

④结构健康预测分析功能。

以工程结构安全信息感知数据为基础，结合基础设施数字化资源，对基础设施结构健康进行周期性评估。根据评估情况，做出周期内维护工程需求预测。

⑤突发事件预测分析功能。

以车辆信息感知智能化、交通量信息感知智能化、事件信息感知智能化为基础，对突发交通事件进行短时预测，包括可能出现的事件位置、事件引起的拥堵范围、拥堵程度预测、需要发布的信息内容分析。

⑥交通管理策略预测分析功能。

以车辆信息感知智能化、交通量信息感知智能化、事件信息感知智能化为基础，对交通做出预测分析，提供交通管理策略方案。

⑦车路协同调度策略分析功能。

以车路协同智能化为基础，结合车辆运行参数和路网监测数据，给出公路运行动态信息，对车载单元定向提出预警信息和调度信息。

⑧其他大数据分析功能。

以大数据分析为基础的预测性分析数据服务。融合两种及以上基础数据，面向路网交通管控，做出的非孤立路段（两个交通转换节点之间为一个孤立路段）或设施的运行状况预测分析。

5.3　工程实践

2020年，四川省铁路产业投资集团有限责任公司（简称"四川铁投集团"）正式提出"智慧铁投"的建设目标，以"数字高速、数字建造、数字铁路、数字物流"为抓手，立足"交通+、互联网+"融合创新，聚焦数字赋能、平台蓄能、产业落地、项目支撑，助力四川"交通强省、数字经济"的高质量发展。一是满足公众出行高质量需求。牢固树立以人为本的理念，为公众提供更便捷、更安全、更舒适的出行生活新方式。二是满足行业监管透明化需求。定向提供数据资源，为监管、决策提供数据支撑。三是满足企业管理效能化需求。为企业管理者提供高效、经济、可靠的管理手段，培育有关数据商业化的经营模式。

2021年5月28日，四川省铁路产业投资集团有限责任公司和四川高速公路建设开发集团有限公司进行战略重组，新设合并组建蜀道集团。蜀道集团先后建设了成宜、蓉城二绕、峨汉等智慧高速公路，本节以成宜、蓉城二绕、峨汉智慧高速公路的工程实践为例，详细介绍智慧高速公路的定位、目标、建设内容等。

5.3.1　成宜智慧高速公路

5.3.1.1　工程概况

成都至宜宾高速公路位于成都市简阳市、眉山市、内江市、自贡市以及宜宾市境内。经过的行政区域主要有简阳市、仁寿县、威远县、荣县、宜宾县及翠屏区。成宜高速公路是四川省高速公路网规划（2014—2030年）16条成都放射线高速公路之一，路线全长约157km，2020年12月31日年建成通车。

5.3.1.2　工程定位

成宜智慧高速公路是交通运输部第二批交通强国建设试点工程、车路协同自动驾驶先导示范工程，是四川省数字新基建示范工程、科技厅重点研发项目，是四川铁投集团首批“数字铁投”科研攻关项目。

5.3.1.3 建设目标

借鉴国内外先进的交通信息化、智能化建设经验，结合本项目特点，充分利用云计算、大数据、人工智能、数据中心等信息技术发展成果，在高速公路“管理运营养护服务”全方面提升信息化、智慧化水平，从传统“可测、可视、可控、可服务”的信息化高速发展到“实时监测预警、业务协同共享、精准化决策支撑、精细化服务管理”的智慧高速。

5.3.1.4 建设内容

1）道路端设施建设

成宜智慧高速公路道路端建设内容包括监控外场设施、车路协同设施。监控外场设施包括视频监控设备、车辆检测器、能见度检测器、气象检测器、交通事件检测器、视频卡口设备以及多媒体发布设备等。车路协同设施包括边缘计算设备、RSU、摄像机、毫米波雷达，以及可变信息标志和光交换设备等。

（1）监控外场设施

公路运行视频监控设施布设方案，包括全线全程布设，互通、气象多发等重点监控路段间距≤500m，平均间距≤0.8km；靠近特大桥的点位按距桥梁150～250m布设；靠近隧道口的点位按距洞口500～800m布设；互通分合流处及主线部分断面处，利用卡口监测系统和ETC门架系统完成道路视频监控；服务及收费广场监控，实现大场景监控，全面掌握场景内情况。

信息采集设施包括车辆检测器、能见度检测器、气象检测器、事件检测器、视频卡口。车辆检测器布设可利用卡口监测系统完成车辆检测，互通立交间均布设；利用ETC门架系统完成，监控系统在中心和收费系统进行数据共享和交换，外场设施设备不再考虑。能见度检测器布设结合本项目沿线气象情况实际情况合理布设；配合雾天公路行车安全诱导装置布设。气象检测器利用全线摄像机的视频源进行图像分析，实现全线能见度检测与报警。事件检测器近期循环覆盖互通分合流、大桥、特大桥、隧道前后路段，远期全线道路监控视频全检测。车辆违章信息采集设备在互通立交、枢纽互通立交、服务区分、停车区合流处均布设，低流量转换匝道（如枢纽互通的二次分合流）的分合流纳入远期实施。雾天公路出行安全诱导装置多雾路段布设，每个方向道路两侧按≤40m间距布设。

图文语音声光多媒体发布设施包括：悬臂式信息标志、门架式信息标志（与交通安全设施/ETC门架合设)、门架式信息标志(独立设置)、服务区全彩LED信息标志、服务区多媒体查询终端、路侧有线广播系统、出口诱导灯。

(2)车路协同设施

车路协同设施包括边缘计算设备、RSU、摄像机、毫米波雷达,以及可变信息标志和光交换设备。边缘计算设备功能为对感知设备输出的原始数据信息进行融合判断,提取结构化道路及目标物状态信息。RSU负责接收感知设备,车辆上报的信息,经过融合判断生成预警信息发送给OBU,同时负责向平台上报或接收平台下发的广播信息。摄像机负责检测车流量、道路交通标识/标牌、车牌、车型、车速、危险事件(停车/倒车/慢速/减速)、轨迹预测(可选),连续覆盖。毫米波雷达负责检测车速、车辆轨迹、定位、雷达+摄像头融合感知(比如危险事件检测),连续覆盖。可变信息标志向普通车辆驾驶员发布事故预警信息。光交换设备与路侧设备共站部署,提供数据交换功能,连接路侧设备和其他外设如信号机、雷达、摄像头、气象站等,同时负责路侧设备和传输网络的连接。

2)云控平台建设

成宜智慧高速公路云控平台建设内容包括建设架构和软件建设。

(1)建设架构

采用符合行业云平台体系的技术架构,按照统一信息分类编码与数据标准体系进行统一数据建设。在安全方面,按照网络安全等级保护制度和网络安全相关要求,充分考虑系统安全和数据安全防护。

(2)软件建设

实现对计算资源、存储资源和网络资源的统一管理,满足面向互联网的大规模分布式应用和大数据分析处理的需求。云平台软件服务建设包括:云上运营服务层,通过统一运维管控工具,对平台的大部分日常运维和管理控制工作,实现自助维护,降低运维成本;基础设施服务层,通过云平台基础核心能力建设,提供模块化、一站式、高性能、高效便捷的IT基础资源交付服务;数据处理服务层,为业务应用提供各种数据存储与交换服务和大数据计算服务;中间件服务层,提供统一化、标准化、服务化的中间件服务应用组件;安全服务层,以等级保护第三级信息系统进行防护设计。云平台分四层进行建设,包括:网络与安全防护层、运维与管理层、存储资源池、业务区。

3)提供的应用服务

成宜智慧高速公路提供的应用服务主要包括高级辅助驾驶系统、多车群体控制系统、货车编队驾驶系统、实时动态图层管理系统、测试场地可视化管理系统、自动驾驶辅助控制系统,以及其他面向网联C-V2X新功能。服务对象包括交通运输管理部门、高速公路运营管理部门、社会公众、应急事件处置部门以及自动驾驶车辆等。

5.3.2 蓉城二绕智慧高速公路

5.3.2.1 工程概况

蓉城二绕(S4202)智慧高速公路车路协同试点建设选取蓉城二绕成雅互通和花源收费站之间全长8km作为试点路段。该路段包括高速公路与高速公路立体交叉、入口、出口、长桥梁等,包括上坡、弯道、恶劣气象等高速公路场景。该路段作为环城高速公路的一部分,交通流量大,在重大节假日极易造成交通拥堵,在发生应急事件时处置难度大。如何加强高速公路运行状态感知能力、如何使高速公路数据在各个业务部门顺畅流转、如何提升高精准信息服务和主动管控能力,是本工程需要解决的问题。

5.3.2.2 工程定位

蓉城二绕智慧高速公路是四川省运营高速公路智慧化升级改造示范工程,是智慧高速公路车路协同试点工程,为四川省运营高速公路智慧化升级改造打造一套可复制、可应用的方案,示范引领高速公路发展转型升级。

5.3.2.3 建设目标

蓉城二绕智慧高速公路8km车路协同试验段,将打造以车路协同为核心的下一代智慧高速公路试点。建设目标包括业务目标和技术目标。业务目标为:实现"协同运营"、实现"数据资产"、实现"出行陪伴"、实现"行车安全"、实现"高效通行"、实现"运维养护"、实现"产业生态"。技术目标为:打造运营管理服务中心,实现全量感知生态模式,支持安全风险监测预警,支持自动驾驶货车编队行驶,实现车道导航精准触达,形成标准规范复制推广,实现运维保障评价体系,打造安全联动服务中心,形成数据资产服务共享,打造出行服务行业标杆。

5.3.2.4 建设内容

1)道路端设施建设

蓉城二绕智慧高速公路道路端设施建设内容包括交通感知设施、交通诱导与控制设施、边缘计算设施、通信设施和北斗地基增强基准站。

(1)交通感知设施

构建全天候全要素的感知体系,感知设备包括高清枪式摄像机、鱼眼摄像机、黑光球形摄像机、卡口摄像机、毫米波雷达、天气传感器和物联网传感器。

交通运行状态感知通过单杆范围道路全天候感知空间全覆盖实现,单杆在道路正中上方安装,布设间距为 800m,采用 2 个枪式摄像机、1 个球形摄像机、1 个鱼眼摄像机、2 个毫米波雷达的方式来实现,其中:鱼眼摄像机覆盖道路范围 5 ~ 75m,架设高度 10 ~ 12m;枪式摄像机覆盖道路范围 75 ~ 500m,架设高度 10 ~ 12m;球形摄像机架设高度为 10 ~ 12m;雷达覆盖道路 75 ~ 350m,架设高度 10 ~ 12m。

交通气象感知设施包括气象六要素检测器、能见度检测器、AI 视频能见度检测器、路面温湿度检测器等。针对大桥易结冰、横风较大以及立交互通相接的位置、雾区等路段,设置有能见度检测器、AI 视频能见度检测器、路面温湿度检测器、气象六要素检测器。气象信息获取途径主要通过获取气象部门数据共享、布设气象检测传感设备、网络高清摄像机、车辆上报轨迹信息等。

(2)交通诱导与控制设施

通过部署可变信息标志提前和及时将交通、天气、施工、事故、路网异常、车道管控的信息告知驾驶员。可变信息标志按照门架式选型,应在互通立交出入口、收费广场入口、隧道联系道前方、长大隧道洞口及洞内车行横通道、服务(停车)区以及其他关键重要路段,配置具有图文发布的可变信息标志。在易发生浓雾路段的道路两侧,按照间距 20 ~ 25m 布设雾灯,并在 1000m 左右设施一套雾灯控制器。在事故清障、道路养护和临时交通管制等场景下,按需设置智能锥桶,智能锥桶具备警示、定位、通信等功能。

(3)边缘计算设施

边缘计算设施基于全量、连续环境信息,依托边缘计算 AI 技术准确识别道路交通状况、事件、车辆等信息,提供数据采集、融合、预处理、分发等基本功能,是路侧智能监管及安全预警的节点,布设间距 800m。边缘计算设施具备功能为:接入视频、雷达等感知设备数据;具有交通事件动态识别、预警等功能;与 RSU、路侧信息服务设施以及临近边缘计算设施、云控平台进行信息交互。

(4)通信设施

通信设施包括无线通信设施和有线通信设施。无线通信设施支持 LTE-V,通信距离大于 500m,布设间距 800m。有线通信网络宜采用专网部署,保障网络通信质量、带宽,保障网络安全。

(5)北斗地基增强基准站

蓉城二绕智慧高速公路试点路段根据收费站和服务区地理位置及建设条件,布设 1 处北斗地基增强基准站点。

2)云控平台建设

蓉城二绕智慧高速公路云控平台建设内容包括业务应用系统、数据融合管理子平台、基础服务子平台三部分。

(1)业务应用系统

业务应用系统包括泛在车路协同运营系统、智慧运营管控系统、联勤快响安全管理系统、出行服务平台以及数字平行世界。

泛在车路协同运营系统能提供交通安全、交通效率、交通管理、增值服务等类型的服务;能接入智能中枢平台处理后的全量、全时交通数据;能将云控平台下发的数据指令传输至路侧通信设施,将路侧信息发布于诱导设施和出行App;能实现数据显示与分析功能;能实现预警与控制功能。智慧运营管控系统集高速公路运行态势实时感知、快速处置、分析评估、诱导策略为一体,提供高速公路协同感知、协同决策、协同控制等基础功能,支撑"人—车—路—云"一体化运营管控,态势感知包括路况监测、态势运行监测、路况回放、路况预测等功能;能统计高速公路路段、匝道、收费站等断面交通量;能分析单车道车辆密集程度和停留时间;能实时分析收费站口车辆排队长度;能实时感知交通异常事件;具备交通事件信息录入、交通事件动态预演、交通事件处置方案推荐等功能;具备分析研判、数据统计等功能。联勤快响安全管理系统能实现自然灾害应急保障、恶劣天气应急保障、重大事件(大运安保)应急保障、危化品运输车辆交通事故应急保障、特长隧道安全应急保障、长下坡路段应急保障、重特大交通事故应急保障等功能。出行服务平台具备融合互联网数据与高速公路感知、管理数据,利用导航App、路侧信息发布与诱导设施和流媒体转发等多种方式发布出行信息的功能。数字平行世界能利用三维GIS技术和实时渲染技术,将高速公路融合分析后的数据实时投射到三维数字世界,具备一套实际可用的预测算法,预测交通事件等的规律,更加直观地向管理者展现全时空数字孪生世界。

(2)数据融合管理子平台

数据融合管理子平台具备但不限于对全量、全时交通数据汇聚、融合、开发及管理,对动态管控决策预案的仿真预测及效果评估,实现云边端分级协同管控,对不同发布场景自动或通过人工干预模式生成发布信息等能力。数据融合管理子平台包括感知融合子平台、仿真决策子平台、数据子平台、交互发布子平台等。

感知融合子平台能够结合路侧感知设备和边缘计算控制设备,实现路侧感知控制服务;结合路段感知、决策数据和互联网数据,实现路段感知控制服务;结合区域/路网感知、决策数据和互联网数据,实现区域/路网感知控制服务。仿真决策子平台能依据获取的信息动态制定相应控制策略,实现基于交通信息的日常协同控制和基于交通事件的主动协同控制。数据子平台能实现交通数据从资源到资产的转变,实现基于数据资产的创新应用,带动高速公路运营管理的效率提升和交通产业发展。交互发布子平台支持接收各业务系统、人工录入的发布需求,对不同发布场景自动或通过人工干预模式生成发布信息,实现为交警、公路运输等部门提供数据服务,为公众提供伴随式信息服务。

(3)基础服务子平台

基础服务子平台能提供高精度时空服务、高精度地图服务等。高精度定位服务系统支持北斗地基增强站点将原始卫星观测数据、星历数据接入;具备通过差分账号体系,将差分数据对外播发的功能,平均播发时延不大于100ms;具备给各类感知设施、通信设施、边缘计算控制设施等进行高精授时的功能。高精度地图服务系统提供面向机器识别的满足车路协同式自动驾驶应用需求的地图数据,应具备支持车道级信息服务及交通管控的能力。

3)提供的应用服务

蓉城二绕智慧高速公路提供的应用服务包括伴随式信息服务、全天候通行服务、车道级管控服务、自动驾驶服务、数据共享服务。

(1)伴随式信息服务

伴随式信息服务是基于车辆位置的全程交通信息服务,获取具备定位功能的设备当前的所在位置,按照用户个性化信息需求,主动通过无线通信、互联网、路侧设备提供信息资源和基础服务。伴随式信息服务系统应满足出行者大众化、普适性的服务需求,充分体现信息发布的公共性服务特点,为公众提供“出行前”、“出行中”及“出行后”等不同阶段的信息服务。

(2)全天候通行服务

气象环境是影响高速公路全天候通行的主要因素,建立健全恶劣天气预警、路警联动处置、应急信息发布与诱导机制是车路协同试点工程要重点完善的部分,以便提高应急管理科学化、精细化水平。在极端天气下尽可能通过限速通行、间断放行、分车型放行、主动诱导等措施引导车辆有序通过,将天气对道路交通的影响降到最低,尽量不封路,提高道路通行效率,减少道路交通安全事故。

(3)车道级管控服务

针对存在安全驾驶风险路段、大流量、恶劣天气、交通事故等场景,结合高精度地图、高精度定位以及路侧雷达、视频的技术手段,通过对道路交通设施及其运行状况的监测,掌握高速公路各个车道交通流的状况,按照车道交通运行状况和特殊需求,生成分车道的交通管理及控制方案,通过信号系统、可变信息标志、车路协同设备等相应的发布设备进行车道交通流管理、调节和诱导。

(4)自动驾驶服务

自动驾驶服务是高速公路中长期重要的使用场景,在蓉城二绕智慧高速公路中提供了自动驾驶和编组列队行驶服务。系统由自动驾驶车辆、车路协同路侧系统和边缘计算设施组成。

(5)数据共享服务

智慧高速建设车路协同系统后将产生大量的路侧感知数据和车辆数据,如何发挥这些数据的价值,并结合行业和互联网应用,满足"车路协同"式"主动管控、精准服务"的智慧化运行需求,其核心就是提供数据共享服务。一方面为一路多方、车端、手机用户端提供实时、精准的高速公路运行数据,另一方面可以获取集团数据、互联网、其他路段、交警、气象等其他系统的共享信息和安全管控服务。

5.3.3 峨汉智慧高速公路

5.3.3.1 工程概况

路线全长约122km,全线采用双向六车道高速公路标准建设,设计速度120km/h,路基宽度34.5m。汽车荷载采用公路—Ⅰ级,桥梁与路基同宽,隧道宽度2×15.25m,路面类型为沥青混凝土,其他技术指标符合《公路工程技术标准》(JTG B01—2014)规定。本项目起于成都经济环线高速公路(成都三绕),经仁寿县龙马镇东侧,与S40遂资眉高速公路十字交叉,后过仁寿县富加镇东,上跨G4215蓉遵高速公路,路线向南,经宝飞镇以东、涂家乡东,经汪洋镇西、四公乡东,松峰乡东进入威远县境内,经小河镇西侧进入荣县境内,后经余佳乡东、双古镇东侧、铁厂镇以西,在烂壶冲水库东侧上跨乐自高速公路,后经度佳镇、杨佳乡、河口镇、合什镇、观音镇以东、于庙滩、石板溪两跨越溪河,经过隆兴乡以东,过银定村、三合场、簸箕箩,止于乐宜高速公路(G93)K678+100中峰寺处。

5.3.3.2 工程定位

根据四川铁投集团统一部署安排,将峨眉至汉源高速公路作为智慧高速公路试点工程,开展以隧道工程为重点的智慧高速建设工作。本工程是全面贯彻落实中央"交通强国""网络强国""新基建""成渝双城经济圈"四大战略部署的重要举措。

5.3.3.3 建设目标

峨汉智慧高速公路建设目标包括打造全量数据感知监测体系、打造安全联动服务中心、打造全天候通行服务、打造数据资产服务共享生态、打造基于全类车辆的运营管理服务5项内容。

(1)打造全量数据感知监测体系

建成全要素、全天候的智慧高速融合感知监测体系,实现车辆、道路、天气感知覆盖率达到90%。

(2)打造安全联动服务中心

基于全要素基础设施数字化与智能化,建设智慧高速公路桥隧安全的联勤联动一体化安全应急处置体系,支持在10s内完成多方协同的全要素感知、决策、诱导、执行、修正与评估全流程闭环。

(3)打造全天候通行服务

基于高精度地图、高精度定位以及气象感知技术手段,配合恶劣天气预警、路警联动处置、应急信息发布与诱导机制,保障在不封路情况下,为通行车辆提供通行信息与诱导服务,提高恶劣天气下通行效率,实现雾天通行天数占比达到99%。

(4)打造数据资产服务共享生态

基于全量数据形成数字交通"建、管、运、服"的一体化"数据链"数据资产体系,为产业生态提供数据开放共享服务。

(5)打造基于全类车辆的运营管理服务

建成全线适应全类车辆的开放道路,打造面向自动驾驶车辆与非自动驾驶车辆通行常态化运营管理体系。

5.3.3.4 建设内容

1)道路端设施建设

峨汉智慧高速公路道路端设施建设内容,包括路面车路协同设备部署和隧道内车路协同设备部署两部分。

(1)路面车路协同设备部署方案

①道路中间隔离带立杆,两侧横臂安装,每800m设置一个智能杆。

②车路协同设备:每800m设置一个智能杆,杆上两侧挑臂安装,包括1个RSU,1个边缘计算设备,2个高清晰度枪式彩色变焦摄像机、2个高清晰度卡口摄像机、1个鱼眼摄像机、1个高清晰度变速球形变焦摄像机、2个毫米波雷达,气象感知设备按需安装;在800m杆下行侧250m处设置一个6.5m小杆,小杆上安装2个毫米波雷达。

③安装位置:摄像头和雷达需在杆的两侧挑臂上对称安装,分别感知两侧的行车道;RSU安装在挑臂上,实现道路两侧的通信覆盖;交换机和边缘计算设备安装在一体机柜中。摄像头、雷达、RSU安装位置基本原则是尽量无遮挡安装,若遮挡不可避免,则需加

密部署点位。

(2)隧道内车路协同设备部署方案

隧道内环境较主路复杂，如封闭空间、光照变化、信号干扰、驾驶安全要求等均有较大变化，因此需要减小部署间隔距离；隧道出入口光照和视野变化大，对感知能力要求和驾驶安全影响也变大，因此隧道出入口需要重点监控，具体部署方案如下：

①隧道中间顶部立杆，两侧横臂安装，每 400m 设置一个智能杆。

②车路协同设备：每 400m 设置一个智能杆，杆上两侧挑臂安装，包括 1 个 RSU、1 个高清晰度枪式彩色变焦摄像机、2 个高清晰度卡口摄像机、1 个高清晰度变速球型变焦摄像机、2 个毫米波雷达；1 个激光雷达（每 3 个杆安装一台）、1 台 Wi-Fi 接入装置（无线 App），其他感知设备按需安装；在每 400m 设置的一个智能杆上行侧 100m 处设置一个小杆，小杆安装 1 台热成像摄像机。

③安装位置：摄像头和雷达需在杆的两侧挑臂上对称安装，分别感知两侧的行车道；RSU 安装在挑臂上，实现道路两侧的通信覆盖；交换机和边缘计算设备，安装在隧道前端设备箱中。摄像头、雷达、RSU 安装位置基本原则是尽量无遮挡安装，若遮挡不可避免，则需加密部署点位。

2)云控平台建设

峨汉智慧高速公路云控平台建设内容，包括统一大数据分析子平台、可视化分析系统、气象预测分析系统、交通态势预测分析系统、突发事件预测分析系统、交通管理策略分析系统。

(1)统一大数据分析子平台

统一大数据分析子平台由七大模块组成，包括数据资产管理、智能数据仓库、智能数据产品中心、交通数据资源中心、数据研发工具、数据算法服务、数据共享交换。与高速业务相关的多源异构数据，如业务数据、行业数据、互联网数据和第三方数据等，通过数据上云工具，汇聚接入到交通数据资源中心来，数据上云工具支持跨网段、跨网闸等复杂网络环境下的数据抽取上云。

智能数据仓库模块可进行数据模型的整体管理，并完成数据质量策略的制定。数据研发工具实现全域数据汇聚与融合加工、数据治理与共享服务，满足数据业务全流程的全生命周期数据应用开发需求。数据算法服务模块基于交通数据资源中心的数据完成行业算法的构建及模型的训练。数据共享交换模块支持将数据服务化，将数据通过无代码的方式上架 API 市场，供外部伙伴调用。数据资产管理模块对交通数据资源中心里沉淀的各类数据资产进行统一管控，支持查看数据模型的“血缘关系”，让用户对数据资产可见、可管理、可溯源追踪。交通数据资源中心对采集汇聚上来的数据进行清洗、融合、标准化，基于高速业务特点进行分层划域，设计并构建出从数据应用层到数据呈现层的数据模型，向上提供规范化的数据服务。智能数据产品中心模块基于梳理出的数据资产，从数档归一、标签画像、探索挖掘、时空分析维度进行智能分析挖掘，从而支撑高速业务的智能决策，是数据中台连接业务的关键输出成果。

（2）可视化分析系统

可视化分析系统实现分析数据可视化展示功能，分析数据可包括主体数据集、场景组建数据集等。数据集管理提供两种创建方式、字段定义、表关联和同步等功能。

可视化分析系统包括仪表盘、数据门户、安全管控、多屏支持等部分。仪表盘是拖拽式的在线分析与可视化制作功能，支持拖拽式页面布局且一次制作自动适配计算机端、移动端、大屏端，支持云图、柱状图、指标墙等40种图表组件，支持多组件关联查询、组件联动分析和组件下钻分析等联动分析组件，支持筛选器、文本、Iframe、Tab、图片等控件组件。数据门户基于业务场景、业务部门、营销等进行目录组织，帮助团队一站式数据访问门户。安全管控提供多层次的安全访问机制，从系统访问登录、工作空间隔离到行级数据权限的一整套安全访问机制。多屏支持主要支持计算机、移动、大屏的多终端适配，根据自动适配达到最好的展示效果，最优化展示数据内容。

（3）气象预测分析系统

气象预测分析系统以自建气象检测信息采集和专业气象部门预测结果为基础，并结合路段基础设施基本情况，做出针对基本路段、重点路段（桥隧、长大下坡、多雾路段、结冰路段、事故多发路段）的短时气象预测分析，并具备分析数据可视化展示能力。

（4）交通态势预测分析系统

交通态势预测分析系统以区域路网交通流数据为基础，对路段的整体运行情况、重点路段通行情况实现短时预测和长时统计分析，包括可能出现的拥堵位置、拥堵程度、需要调用的应急指挥资源分析、需要发布的信息内容分析，并具备分析数据可视化展示能力。

（5）突发事件预测分析系统

突发事件预测分析系统以车辆信息感知智能化、交通量信息感知智能化、事件信息感知智能化为基础，对突发交通事件进行短时预测，包括可能出现的事件位置、事件引起的拥堵范围、拥堵程度预测、需要发布的信息内容分析，并具备分析数据可视化展示能力。

（6）交通管理策略预测分析系统

交通管理策略预测分析系统以车辆信息感知智能化、交通量信息感知智能化、事件信息感知智能化为基础，对交通做出预测分析，提供交通管理策略方案，并具备分析数据可视化展示能力。

3）提供的应用服务

峨汉智慧高速公路提供的应用服务包括全息道路感知、多源数据融合共享、大数据仿真决策、智慧运营与联勤快响、车路协同创新服务、智能车辆服务和数字孪生服务。

（1）全息道路感知

峨汉智慧高速公路建设道路运行情况的全覆盖、多维度、全天候的感知系统，包含监控摄像机、雷达、自动气象站、路面状况监测仪、边缘计算等设施，以及增加雷达视频感知能力，实现峨汉智慧高速公路全路段交通状况感知（交通量、交通事件、交通运行状态、气象），对道路运行车辆实现车道级、全天候的全息感知，为车道级交通管控、准全天候通行提供基础感知数据。

①通过卡口摄像机、枪式摄像机、球形摄像机、鱼眼摄像机组合部署的方式，实现视频全路段覆盖，覆盖率 >95%。

②部署热成像摄像机实现隧道内温度感知，火灾等事件识别。

③部署毫米波雷达及激光雷达感知设备，对高速公路上行驶的车辆、行人，以及抛洒物体等重要事件进行实时检测、跟踪、定位并判断其运动状态和位置信息。

④雷达视频融合，实现全天候、远距离、多目标、多场景的融合感知和分析能力，区分每条车道上车辆的运行状况（车速、车型、行驶车道、交通事件等）。

⑤采集气象检测器（六要素天气感知、能见度感知），并结合第三方天气数据实现高频率的气象感知分析。

⑥部署边缘计算节点设备，路侧感知控制就近接入，实现感知数据与控制信号的本地融合与处理。

（2）多源数据融合共享

第三方数据、自有系统采集的数据与多源数据相结合，形成一个合理的、可持续的、可推广的动态感知模式，全面提高数据的质量，支撑交通的信息化和智能化；通过系统架构设计，在路段内部主要解决传统应用系统之间相对独立的问题，统一管理、信息互通；并提供路段间以及与上级管控平台的高效衔接的接口，使行业内数据流转更能满足路网层面快速决策需求。功能包括：

①实时采集路侧感知、诱导系统数据；

②获取互联网导航地图数据、第三方天气数据；

③高精度地图数据，支持静态地图 + 动态地图叠加；

④采集智能车辆数据；

⑤预留与上级管控平台、交警平台的接口；

⑥预留出行服务信息接口；

⑦数据统一汇聚，形成统一的指标体系，此基础上形成不同主题的融合参数，如车辆运行主题、天气分析主题、道路运营主题、安全防控主题、出行服务主题等。

（3）大数据仿真决策

通过大数据分析能力，构建高速运行态势实时感知、人工处置、方案评估、诱导策略为一体的仿真决策系统。上层应用以交通事件数据为主要源头、事件闭环处理为目标，通过大数据及人工智能算方法，整体上提升交通事件的发现和分析能力。

①分析交通和环境指标状况，包括交通态势预测、气象预测分析、路网风险分析、突发事件影响分析、交通管理策略仿真等。

②动态制定相应控制策略，实现基于交通事件的主动协同控制，以提高行车安全和道路利用率。包含控流/限速/诱导管控方案生成、仿真预演、效果评估等功能模块。

③为业务功能子系统提供算法集成，同时具备算法仓库开放能力设计，支持其他算法按标准开发后放入引擎运行。

（4）智慧运营与联勤快响

对全路段的交通态势、交通管控、应急处置进行管理，负责整个路段交通的行车安全管理，包括监测、事件发现、应急处置管理、行车安全管控，平滑交通流、缓解交通拥堵。将应急值守、应急方案、应急指挥调度和应急协同按照应急流程和机制有效地连接起来，以事件为触发的高速警情的应急处置多人员（机构）、多系统协调联动，从而保证事件处理的迅捷响应、快速处理，降低事件对整体交通的影响。功能包括：

①监视路段交通运行状况，对路况、交通量、指标信息进行呈现；

②对气象灾害、重点车辆、交通事件实现重点监测；

③及时发现和处理，提供融合事件报送方式；

④采用一事一档，覆盖整个事件（从事发现到处置结束）。

（5）车路协同创新服务

在车路协同“人—车—路—云—网—图”基础能力之上，结合峨汉高速公路的交通特点，能够实现的创新车路协同场景和服务，服务能力包括：

①实现对高速公路气象条件、道路通行情况、施工影响等因素进行车道级感知和研判，并在此基础上提供车道级预警和动态限速建议。

②掌握高速公路各个车道交通流的状况，按照车道交通运行状况和特殊需求，生成

分车道的交通管理及控制方案，通过信号系统、可变信息标志、车路协同设备等相应的发布设备进行车道交通流管理、调节和诱导。

③基于车辆位置的全程交通信息服务，获取具备定位功能的设备的当前所在位置，按照用户个性化信息需求，主动通过无线通信、互联网、路侧设备提供信息资源和基础服务。

④支持向可变信息标志、诱导信息标志、车路协同路侧广播、第三方导航软件、网站、媒体发布管控和服务信息，发布信息包括但不限于路况、气象条件、主动管控策略、行车安全建议、行车诱导、道路施工等。

(6)智能车辆服务

覆盖车辆类型包括支持V2X协议和L3级别自动驾驶的智能车辆、支持V2X协议的智能车辆、使用互联网App的普通车辆、未使用互联网App的普通车辆。

①通过路侧感知系统、决策和通信系统辅助单车智能实现高速无人驾驶场景，包括无人驾驶巡检、领航、封路等。

②为普通智能车辆提供V2X通信服务，实现云—路—车协同，使得智能车辆获取更多诱导预警信息。

③为普通车辆用户通互联网App提供车路协同的数据和信息，帮助用户在出行过程中决策，为用户提供更为安全和舒适的出行体验。

④提供车道级App，支持对车辆、路侧、云端信息在高精度地图上实时呈现，满足演示和体验需求。

(7)数字孪生服务

数字孪生是充分利用物理模型、传感器更新、运行历史等数据，集成多学科、多物理量、多尺度、多概率的仿真过程，在虚拟空间中完成映射，从而反映相对应的实体装备的全生命周期过程，借此来实现对物理实体的了解、分析和优化。数字孪生世界通过AI技术、三维GIS技术和实时渲染技术，将高速公路的数据融合分析后实时投射到三维数字世界里，展现给管理者一个全时空的“数字世界”。服务能力包括：

①在高精三维地图上叠加相应的交通静态与动态元素，全要素、车道级、三维可视化呈现，包括道路、车辆、智能感知设备、交通信号设备、交通事件、环境等。

②实时交通信息可从宏观路况和微观车辆角度全面展示当前交通运行状态。

③对车辆信息(位置、速度)进行车道级精准的实时还原，对网联车辆能实现车辆详细信息可视化呈现，还原定位误差不高于3m，时延不大于3s。

④根据车辆运行位置信息，并能进行宏观视角的跟随，并可实现视频接力服务。

⑤对交通事故、拥堵、施工、疑似事件报警进行可视化呈现。

⑥对车路协同路侧智能设备进行三维建模，包括监控摄像机、高清卡口、视频雷达一体机、路侧 RSU、广播、信息标志、信号灯等，并呈现实时设备状态信息。

5.4　标准化

智慧高速公路建设标准化是围绕智慧高速公路建设与运营管理等进行的一系列标准化工作的总称。智慧高速公路标准以科学、技术和实践工程经验的综合成果为基础，科学研究的新成就、技术进步和科学管理的新成果，以及智慧高速公路示范工程实践中所取得的先进经验，都应通过分析、比较、优选后，将适合的部分纳入智慧高速公路建设标准中。

我国标准有国家标准、行业标准、地方标准和企业标准，智慧高速公路建设标准同样分为以上四类。除浙江、江苏、山东等省的交通运输管理部门相继出台了智慧高速公路建设（技术）指南外，还没有发布明确的智慧高速公路建设国家标准和行业标准。2021年3月，蜀道集团发布了5项智慧高速公路企业标准。2021年12月，四川省市场监督管理局和重庆市市场监督管理局联合发布了4项川渝区域智慧高速公路地方标准。

5.4.1小节中详细介绍了川渝区域智慧高速公路建设标准化工作过程，并在5.4.2小节详细介绍研制发布的4项川渝区域智慧高速公路地方标准内容。

5.4.1　标准化工作过程

《交通强国建设纲要》指出要大力发展智慧交通，推进数据资源赋能交通发展，加速交通基础设施网、运输服务网、能源网与信息网络融合发展，构建泛在先进的交通信息基础设施。《四川省人民政府办公厅关于加快推进全省平安智慧高速公路建设的指导意见》强调尽快研究制定统一可行的建设标准和建设方案，确保可持续性。蜀道集团在智慧高速公路示范工程建设过程中，与其他高速公路建设运营管理单位一样，遇到了现行公路工程相关标准无法解决智慧高速公路建设、运营过程中面临的新问题。蜀道集团在高速公路机电系统现有成果的基础上，充分借鉴长三角区域、京津冀区域智慧高速公路建设经验，总结凝练蓉城二绕智慧高速公路和成宜智慧高速公路建设成果，并详细分析现阶段及今后一段时期内智慧高速公路建设相关技术应用发展中共性的技术问题，制定发布了智慧高速公路建设系列企业标准。并联合交通运输部公路科学研究院、重庆高速公路集团有限公司等单位申报了川渝区域智慧高速公路系列地方标准，并经四川省市场监督管理局、重庆市市场监督管理局联合审查发布。

(1)企业标准研制阶段

智慧高速公路建设是一项创新性、引领性工程,符合新时代行业技术和管理发展方向,具有很强的前瞻性、创新性和挑战性。蜀道集团在开展智慧高速公路建设过程中,面临着标准缺失的问题,即对高速公路智慧化建设内容、应具备的能力水平以及能够提供的创新服务尚无统一标准,现行公路工程相关标准无法解决智慧高速公路建设过程中的新问题。蜀道集团借鉴我国智慧高速公路建设经验,结合四川省智慧高速公路发展需求,编制了智慧高速公路建设系列企业标准,明确智慧化建设内容、统一智慧化建设标准,有助于进一步指导智慧高速公路设计、建设等具体工作,推动感知、通信、控制等技术和产业有序、健康发展,拉动四川省经济快速发展。

首先,蜀道集团编制并发布了《智慧高速公路建设标准体系》(Q/SRIG ZH000—2021)。标准构建了结构合理、层次分明、科学有序的智慧高速公路标准体系,该体系建立的目的一是展示智慧高速公路建设标准化活动的发展全貌,二是可以检查智慧高速公路建设标准化目标所需标准匹配度是否达到,三是明确智慧高速公路建设标准化工作重点和努力方向。

其次,蜀道集团在《智慧高速公路建设标准体系》的指导下,为解决智慧高速公路建设过程中急需解决的标准缺失问题,从总体设计、工程支撑、应用服务发展路径 3 个层面提出了智慧高速公路第一批系列企业标准,适用于新建、改扩建智慧高速公路设计、建设,以及高速公路智慧化提升改造工程。围绕总体设计,编制并发布《智慧高速公路　第 1 部分:总体技术要求》(Q/SRIG ZH001—2021),规定智慧高速公路建设内容、高速公路路侧设施、高速公路云控平台、信息安全以及应用服务的技术要求。围绕工程落地支撑,编制并发布《智慧高速公路　第 2 部分:路侧设施布设规范》(Q/SRIG ZH002—2021),规定智慧高速公路路侧感知设施、通信设施、定位设施、边缘计算设施、管控设施的功能、性能与布设要求;编制并发布《智慧高速公路　第 3 部分:云控平台数据交换规范》(Q/SRIG ZH003—2021),规定高速公路云控平台中云、边、端三个层级间数据交换的交换架构、交换方式、接口要求、交换优先级、交换内容。围绕应用服务发展路径,编制并发布《智慧高速公路　第 4 部分:智慧化分级》(Q/SRIG ZH004—2021),规定高速公路不同智慧化等级所实现的目标、管理和服务的能力。

再次,蜀道集团在《智慧高速公路建设标准体系》的指导下,在智慧高速公路第一批系列企业标准成果基础上,为了解决智慧高速公路建设和运营过程中面临的新的标准缺失问题,从智慧高速公路建设和运营 2 个层面提出了智慧高速公路第二批系列企业标准。智慧高速公路第二批系列企业标准列表见表 5-14。

蜀道集团智慧高速公路第二批系列企业标准列表　　表5-14

序号	企业标准名称
1	《路侧设施共杆共享技术要求》
2	《车路协同 应用信息分类与编码》
3	《智慧高速公路服务集》
4	《隧道、桥梁、边坡安全监测设施布设规范》
5	《新四网融合协同管理标准》
6	《路侧设施维护技术规范》
7	《全天候通行交通安全控制规范》
8	《道路能见度等级数据模型与交换格式》
9	《道路能见度等级　车路交互信息集》
10	《道路能见度等级　数据服务与运营管理办法》
11	《智慧高速公路运营支撑技术规范》
12	《智慧高速公路机电工程质量检验评定标准》

后续，蜀道集团将在《智慧高速公路建设标准体系》的指导下，不断解决智慧高速公路建设、运营、养护全生命周期的标准缺失问题。

(2)地方标准研制阶段

蜀道集团以发布的4项企业标准为基础，联合交通运输部公路科学研究院、重庆高速公路集团有限公司等单位，申报了川渝区域智慧高速公路系列地方标准。2021年12月，重庆、四川联合发布了川渝区域地方标准第1号公告，包括智慧高速公路总体技术要求、智慧化分级、路侧设施设置规范、车路协同系统数据交换4项川渝区域地方标准，为川渝两地推动智慧高速协同发展，推进交通大数据共商、共建、共享，联合打造川渝区域智慧交通提供了技术支撑。川渝区域4项智慧高速公路地方标准内容，在5.4.2中进行介绍。

5.4.2　标准制定

根据《标准体系构建原则和要求》(GB/T 13016—2018)，智慧高速公路建设标准体系按照高速公路工程在智慧建设、智慧管理、智慧养护、智慧运营等活动中产生和制定的标准内容及其内在联系进行划分，划分为100通用、200智慧建设、300智慧管理、400智慧养护、500智慧运营、600数据资产六个部分。标准体系结构图如图5-21所示。

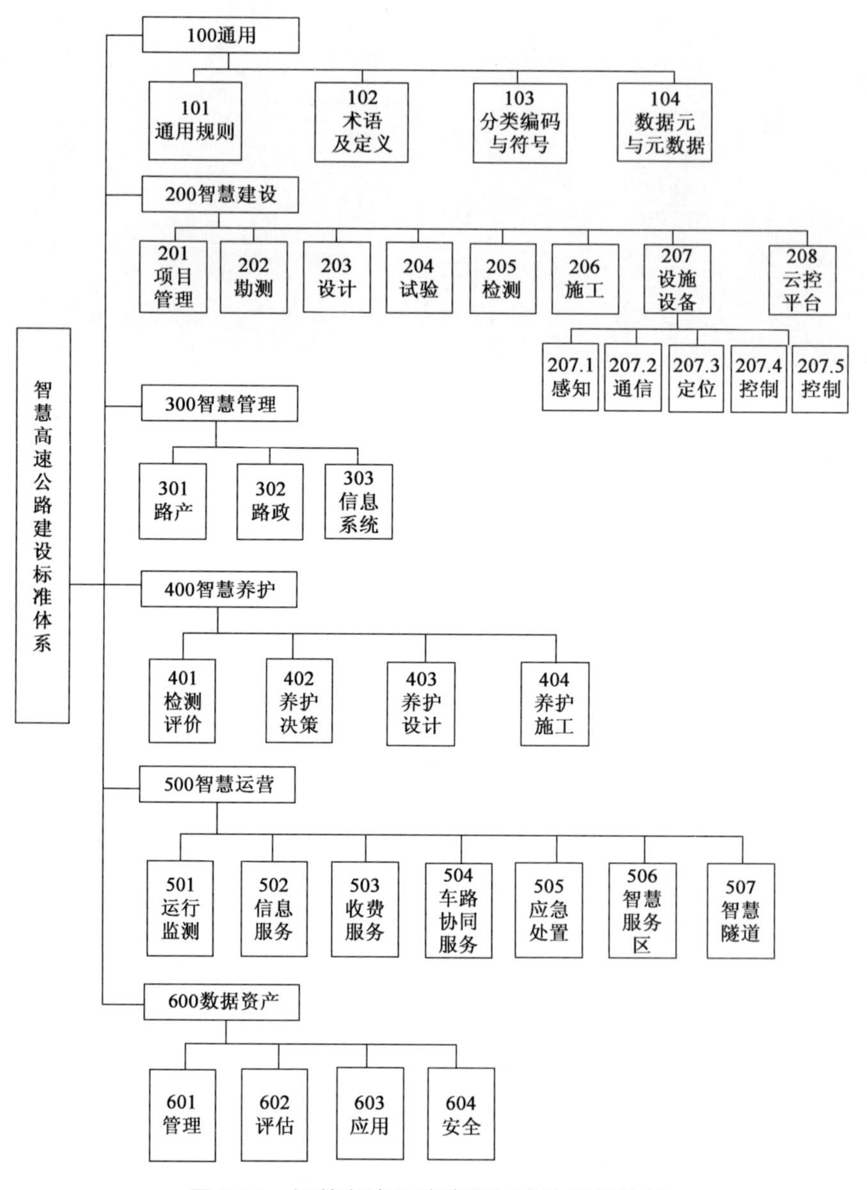

图 5-21 智慧高速公路建设标准体系结构图

5.4.2.1 《智慧高速公路 第1部分:总体技术要求》

在加快推进交通强国建设、新型基础设施建设、新一代人工智能规划、京津冀协同发展、长江三角洲区域一体化、粤港澳大湾区发展规划等国家发展战略实施中,智慧高速公路建设是重要任务之一。2019年3月,四川省委省政府发布了《四川省人民政府办公厅关于加快推进全省平安智慧高速公路建设的指导意见》(川办发〔2019〕22号),对推进高速公路高质量发展进行了决策部署。2020年11月,交通运输部批复了四川省交通强国建设试点实施方案,同意开展车路协同测试、特殊场景车路协同应用以及智慧高速公路建设。蓉城二绕高速公路、成宜高速公路积极推进智慧高速公路建设,探索全路段车路协同应用。随着感知、通信、控制等新技术逐渐成熟、智慧高速公路产业快速发展,智慧高速公路建设将成为拉动四川省经济发展的重要手段。

智慧高速公路建设具备新技术融合应用、服务创新等特点,现行公路工程相关标准无法解决智慧高速公路建设过程中的新问题,持续推动四川省智慧高速公路建设面临着标准化建设滞后的挑战。结合我国国情及四川省智慧高速发展现状,从整体性视角研究提出智慧高速公路建设总体技术要求,有助于进一步指导智慧高速公路设计、建设具体工作,进而推动技术和产业有序、健康发展。智慧高速公路建设内容如图5-22所示。

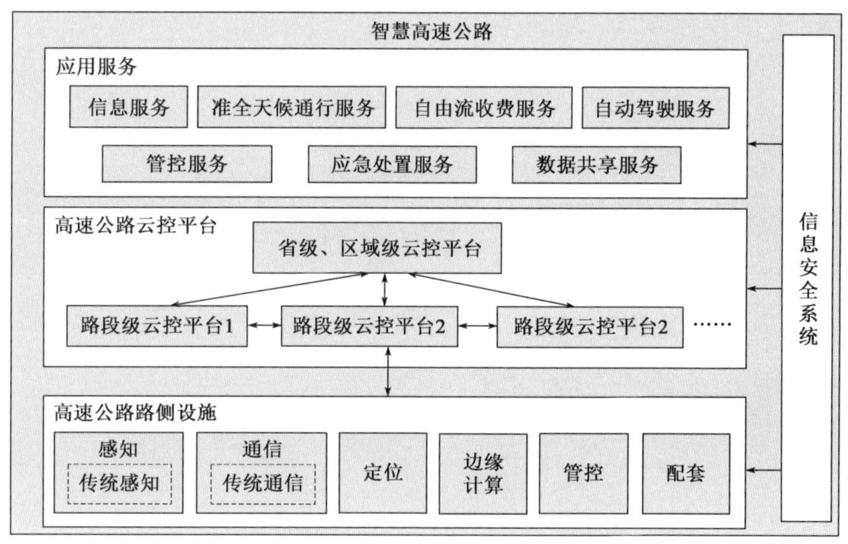

图5-22 智慧高速公路建设内容

5.4.2.2 《智慧高速公路 第2部分:智慧化分级》

智慧高速公路建设中"智慧"作为一个重要的建设目标,通过全面建设人、车、路协同的智能交通系统,应用传感、通信、控制等先进技术,支持车路协同自动驾驶等新技术应用落地,从而引领高速公路智能化创新发展。

建设智慧高速公路有利于整合现有信息资源、提高高速公路安全、通行效率和管理效能等作用。目前还没有一个指导高速公路智慧化等级的规范,智慧化的概念比较模糊,行业内对智慧化建设应具备的能力水平、智慧化的程度尚无统一标准,部分高速公路建设存在盲目的状态,这在一定程度上影响了智慧高速公路建设的开展。因此急需研究和编制高速公路智慧化等级标准,指导智慧高速公路设计和建设,避免建设的盲目性和资源浪费。

高速公路智慧分级是对高速公路建设的智慧化建设等级和建设内容进行定义，每个智慧化能力或服务分不同类型，每个类型分不同层级，每个智慧等级对应于具体的高速公路建设内容。在高速公路设计和建设中，使用者可以根据高速公路的特点选择适当的智慧化建设等级，选取该智慧化等级所包含的建设内容进行建设，最大限度提高安全和通行效率，降低成本和资源浪费。智慧化分级编制思路和智慧化分级表分别如图 5-23 和表 5-15 所示。

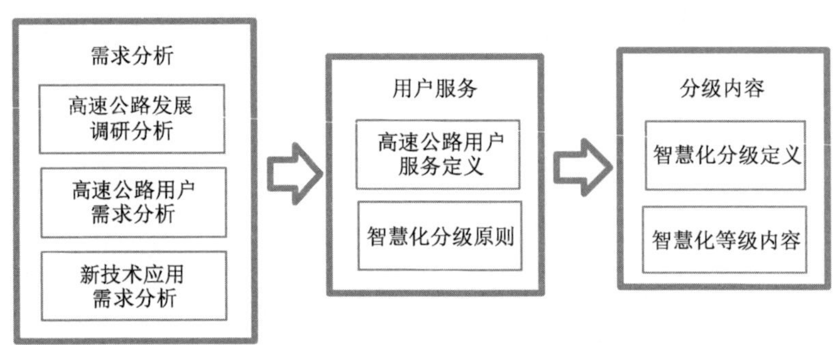

图 5-23　智慧化分级编制思路

智慧化分级表　　表 5-15

智慧等级	等级名称	基本条件	实现目标	关键内容	服务及管理实施主体	信息服务方式	管控方式	外场设施设备
D0	无智慧	土木工程	满足车辆上路的基本要求	应急电话、服务热线	人工	无	标志标牌	标识标牌
D1	简单智慧	传统三大系统	满足高速公路使用者基本要求	ETC 收费、视频监控、信息查询服务、应急处置	人为主、智慧为辅	静态信息为主	被动	VMS、视频监控、检测器
D2	基本智慧	数字化和信息化基础设施	建设智慧化的基础条件	自由流收费、路、桥、隧设施动态监控、健康诊断、智慧服务区	人、智慧共管	动态、实时信息	主动	高精度定位、设施监测、智能感知监测设备
D3	协同式智慧	V2X、云控平台	具有支持各级别自动驾驶应用能力	车路协同主动安全、车道路权分配、编队行驶车队管控	人为辅，智慧为主	车道级高精准信息	智能协同	车路协同设施
D4	可持续、自主可控智慧	绿色能源供给体系	可持续、低排放、资源节约、抵御恶劣气象和自然灾害的能力	全天候、新能量供给、自我诊断和维修能力的绿色材料	无人参与、人仅干预重要管理	按需提供信息	自动	新能源、新材料、高智慧化设施

5.4.2.3 《智慧高速公路　第3部分：路侧设施布设规范》

智慧公路是将先进的传感器技术、信息技术、网络技术、自动控制技术、计算机处理技术等应用于整个公路交通运输管理体系，从而形成具备数字化、智能化的交通运输综合管理和控制系统。智慧公路路侧设施布设是实现公路智能化应用的关键技术，该标准通过对路侧设施提出功能要求、性能要求和布设要求，为智慧公路的设计、建设、运营、管理与服务提供指导，对推动智能交通、智慧公路建设发展具有重要意义。

该标准适用于新建或改扩建智慧高速公路的路侧设施的规划、设计和实施，也可为其他等级的智慧公路建设提供参考；规定了智慧高速公路基础设施建设中路侧感知、通信、定位、边缘计算、管控设施的布设要求。路侧设施建设内容如图5-24所示。

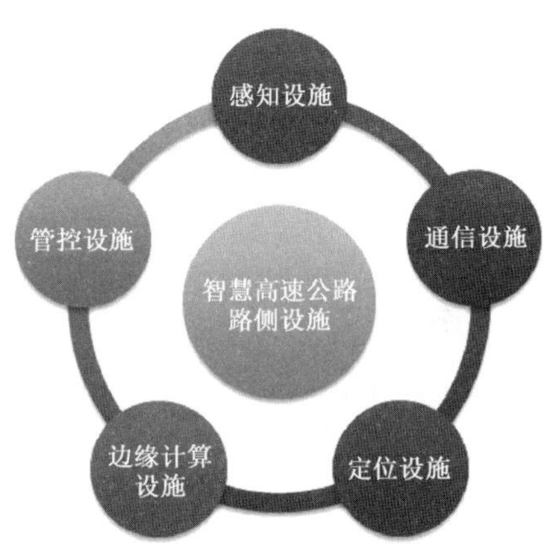

图5-24　智慧高速公路路侧设施建设内容

5.4.2.4 《智慧高速公路　第4部分：车路协同系统数据交换》

车路协同系统数据交换架构从底层到顶层包括路侧单元、车载单元、管控设施、感知设施、边缘计算设施和云控平台六个主要组成部分。云控平台是智慧高速公路的控制和决策中心，云控平台汇聚、融合、分析处理高速公路各类交通参与方，例如人、车、路、服务区、收费站等数据，对高速公路本地、通道以及网络不同层级交通运行状态实施精准控制，提高智慧高速公路和相关路网的道路利用率和通行效率。

智慧高速公路基础设施状态监测、交通运行状态监测、交通气象环境监测等设备种类繁杂、数量庞大，生成的消息内容多样、标准不统一，无法支撑云控平台各业务系统快速部署；监测设备融合处理生成的服务信息内容不明确，无法高效地与公众出行服务系统进行对接。

对车路协同系统接入的监测设备采集数据以及信息发布内容进行分类治理，编制车路协同系统数据交换标准，有利于增强各业务系统对数据定义和使用的一致性，消除各业务系统间的数据壁垒；有利于减少数据转换，方便数据的展示和数据共享，为数据分析和数据挖掘打好基础。

本标准规定了智慧高速公路车路协同系统数据交换的架构和内容。适用于成渝地区双城经济圈智慧高速公路的新建、改（扩）建工程，以及高速公路既有设施智慧化提升改造。车路协同系统数据交换架构如图 5-25 所示。

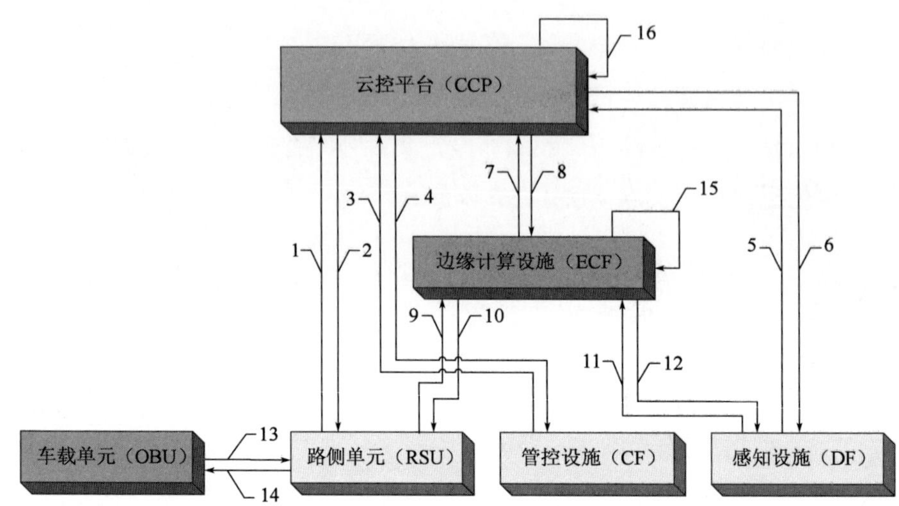

图 5-25　车路协同系统数据交换架构图

例：15-ECF-ECF，指不同 ECF 间的数据交换，如上游 ECF 发送数据到下游 ECF

标引序号说明：

1-RSU-CCP；2-CCP-RSU；3-CF-CCP；4-CCP-CF；5-DF-CCP；6-CCP-DF；7-ECF-CCP；8-CCP-ECF；9-RSU-ECF；10-ECF-RSU；11-DF-ECF；12-ECF－DF；13-OBU-RSU；14-RSU-OBU；15-ECF-ECF；16-CCP-CCP

参考文献

[1] 岑晏青,宋向辉,王东柱,等. 智慧高速公路技术体系构建[J]. 公路交通科技,2020,37(7):111-121.

[2] 岑晏青. 物联网与新一代智能交通系统[M]. 北京:电子工业出版社,2021.

[3] 交通运输部公路科学研究院,交通运输部规划研究院. 数字交通发展报告(2018)[M]. 北京:人民交通出版社股份有限公司,2020.

[4] 岑晏青. 智能交通助力交通强国建设[R]. 青岛:中国智能交通协会,2019.

[5] 张纪升,李斌,王笑京,等. 智慧高速公路架构与发展路径设计[J]. 公路交通科技,2018,35(1):88-94.

[6]《中国智能运输系统体系框架》专题组. 中国智能运输系统体系框架[M]. 北京:人民交通出版社,2003.

[7] 张可. 智能交通系统体系框架构建方法与应用[M]. 北京:人民交通出版社,2013.

[8] 夏元清,王笑京,宋向辉,等. 智能交通信息物理融合云控制系统[J]. 自动化学报2019,45(1):132-142.

[9] 江长秋. 高速公路机电管理系统物联网云平台的设计与研究[D]. 西安:长安大学, 2018.

[10] 陈晨. 云南省高速公路交通机电系统设计优化研究[D]. 重庆:重庆交通大学, 2017.

[11] 薛明. 高速公路机电设备管理系统的设计与实现[D]. 长春:吉林大学,2016.

[12] 王少飞,谯志,付建胜,等. 智慧高速公路的内涵及其架构[J]. 公路, 2017(12):170-175.

[13] (美)埃尔,龚奕利. 云计算:概念技术与架构[M]. 北京:机械工业出版社,2014.

[14] (美)杰瑞卡普兰. 人工智能时代[M]. 浙江:浙江人民出版社,2016.

[15] 程翔,张荣庆,陈晨. 5G 车联网技术及应用[M]. 北京:科学出版社,2020.

[16] 刘天雄. 卫星导航系统概论[M]. 北京:中国宇航出版社,2017.

[17] 四川数字交通科技股份有限公司,蜀道投资集团有限责任公司,交通运输部公路科学研究所,等. DB50/T 10001.1—2021 DB51/T 10001.1—2021:智慧高速公路　第1部分:总体技术要求[S]. 北京:中国标准出版社,2022.

[18] 四川数字交通科技股份有限公司,蜀道投资集团有限责任公司,交通运输部公路科学研究所,等. DB50/T 10001.2—2021 DB51/T 10001.2—2021:智慧高速公路　第2部分:智慧化分级[S]. 北京:中国标准出版社,2022.

[19] 四川数字交通科技股份有限公司,蜀道投资集团有限责任公司,交通运输部公路科学研究所,等. DB50/T 10001.3—2021 DB51/T 10001.3—2021:智慧高速公路　第3部分:路侧设施建设规范[S]. 北京:中国标准出版社,2022.

[20] 四川数字交通科技股份有限公司,蜀道投资集团有限责任公司,交通运输部公路科学研究所,等. DB50/T 10001.4—2021 DB51/T 10001.4—2021:智慧高速公路　第4部分:车路协同系统数据交换[S]. 北京:中国标准出版社,2022.